教育部农林教育教学研究项目

都柏林大学的教育内涵与实践

——探索世界高水平大学发展之路

The educational connotation and practice of University College Dublin

—Explore the development of the world high-level university

李全宏　编著

中国农业大学出版社
·北京·

内容简介

本书从解析都柏林大学创建者——著名教育家纽曼先生的大学理念和都柏林大学的发展历程，尤其是近10年来以卓越的成就成为国际知名大学的发展轨迹入手，阐述了在大学的发展理念与政策、结构与管理、教学与科研、国际化与创新等诸多方面建设高水平大学的成功经验和具体做法，以期为我国建设高水平大学提供可借鉴的成功案例。

图书在版编目(CIP)数据

都柏林大学的教育内涵与实践：探索世界高水平大学发展之路/李全宏编著. —北京：中国农业大学出版社，2013.12

ISBN 978-7-5655-0840-0

Ⅰ.①都…　Ⅱ.①李…　Ⅲ.①都柏林大学-学校教育-研究　Ⅳ.①G649.562.8

中国版本图书馆CIP数据核字(2013)第264471号

书　　名　都柏林大学的教育内涵与实践——探索世界高水平大学发展之路

作　　者　李全宏　编著

策划编辑　汪春林　席　清　　**责任编辑**　洪重光

封面设计　郑　川　　**责任校对**　陈　莹　王晓凤

出版发行　中国农业大学出版社有限公司

社　　址　北京市海淀区圆明园西路2号　　**邮政编码**　100193

电　　话　发行部 010-62818525，8625　　读者服务部 010-62732336

编辑部 010-62732617，2618　　出　版　部 010-62733440

网　　址　http://www.cau.edu.cn/caup　　**E-mail** cbsszs @ cau.edu.cn

经　　销　新华书店

印　　刷　北京鑫丰华彩印有限公司

版　　次　2013年12月第1版　　2013年12月第1次印刷

规　　格　889×1194　　16开本　　11印张　　300千字

定　　价　68.00元

图书如有质量问题本社发行部负责调换

Preface

Hugh Brady, UCD President

It gives me great pleasure to write this preface to Professor Quanhong Li's book on University College Dublin (UCD). For almost 160 years, UCD has been one of Ireland's great public institutions. UCD was founded in 1854 as the Catholic University of Ireland by John Henry Newman. Newman's classic work *The Idea of a University* captures his vision for the new university at that time and is still regarded as one of the most enduring texts on the value of higher education to the individual and society. We are delighted that it has been translated into Chinese and read by some many Chinese scholars and policy makers.

From these modest beginnings UCD developed into Ireland's largest research-intensive university whose students, graduates and staff have contributed in so many ways to the shaping of modern Ireland. James Joyce, perhaps our most famous graduate, virtually single handedly reinvented the English novel and so many of Ireland's Presidents, Taoisigh (Prime Ministers), Attorney Generals and European Commissioners have been drawn from UCD graduates and staff. Today UCD is ranked amongst Europe's leading universities and, while it remains distinctively Irish, it is highly connected internationally and has a truly global footprint.

UCD greatly values its long-standing connections with China as internationalization is a key aspect of our mission and China is a priority partner within our international strategy. We are delighted to host Ireland's largest cohort of Chinese students at undergraduate, masters and PhD level. Of equal importance, UCD accounts for the largest cohort of Irish students that spend time studying in China. UCD enjoys exchange agreements with virtually all of China's top ranked universities and is building dual degree programmes and research partnerships with many of these institutions. Following Dublin's twinning with Beijing, we were delighted to open the Beijing-Dublin International College in 2012 and to host Ireland's first Confucius Institute.

It is particularly appropriate that Professor Quanhong Li's home institution is China Agricultural University (CAU). UCD and CAU have a long track record of collaboration in agricultural science, food science and engineering and, at the time of writing, are in discussions regarding a possible large-scale joint venture in China.

I have been greatly impressed by Professor Li's passion for internationalization and China's educational reform agenda. It was a pleasure for us to grant him access to all aspects of UCD life and we spent many pleasant days on the beautiful UCD campus or walking in the picturesque Wicklow Mountains comparing and contrasting different educational philosophies and styles across the globe. We at UCD have learned so much from China's rich history in education and have watched with admiration as China implements its ambitious reform agenda. I hope that Professor Li's observations and reflections can contribute in some way to the advancement of Chinese higher education and look forward to deepening UCD's relationship with China over the decades ahead.

Hugh Brady
UCD President
October 2013

序

很高兴能为李全宏教授的这本书撰写序言。

都柏林大学是约翰·亨利·纽曼于1854年创办的一所天主教大学。纽曼的经典著作《大学理念》阐述了他对新型大学的愿景，迄今为止，这本著作仍然对高等教育有重要的指导意义。令我们高兴的是，这本著作已经有了中文译本，很多中国学者和政策制定者对这本著作都有一定的研究，李全宏教授也对其有过深入的研究并有独特的见解。

在建校160年中，都柏林大学一直是爱尔兰的知名学府，不仅培养了著名作家詹姆斯·乔伊斯，还有爱尔兰的总统、总理、司法部长、欧盟委员会专员。在教职工和学生共同努力下，都柏林大学已经成长为一所研究型大学，不仅保持了爱尔兰特色，并且步入了欧洲领先水平，正走向国际。

作为国际化理念的一部分，都柏林大学非常重视与中国建立良好关系，并与中国成为战略伙伴。我们很高兴，有很多中国学生能到都柏林大学攻读学士、硕士以及博士学位，而且也有很多我校的学生到中国去学习。都柏林大学和中国很多知名学府有交流合作，我们成立了北京－都柏林国际学院，并成立了爱尔兰第一个孔子学院，目前正在开展双学位计划及研究合作项目。

李全宏教授所在的中国农业大学与都柏林大学在农业科学、食品科学与工程领域保持着长期的合作与交流，现在我们正着手扩大合作范围。

我曾与李全宏教授漫步于都柏林大学校园，走在风景如画的爱尔兰威克洛山，探讨不同的教育理念，李全宏教授让我更深刻地领悟到中国教育的丰富内涵和进行改革的雄心壮志，他的国际视野和对中国教育改革的热情给我留下了深刻的印象。希望李全宏教授的教育理念能对中国高等教育的发展有一定的促进，期待着中国与都柏林大学在今后有更多的合作。

都柏林大学校长　休·布雷迪

2013年10月

前　言

这次是我第二次来到都柏林大学，两年前我和两位同事应邀第一次来都柏林大学食品与健康研究所，进行了为期 7 天的学术交流，访问紧凑而充实，都柏林大学开放的办学理念，务实的作风，严谨的学术态度，让我们耳目一新，我希望自己能再次有机会来访，读懂都柏林大学背后的文化内涵。此后他们多次到我校访问，双方建立了深厚的友谊。这一次我以国家访问学者的身份再次到访，接待我的是都柏林大学食品与健康研究所所长 Mike 教授和常务副所长 Dolores 教授。他们对我生活上的关照和工作上的支持使我很快适应新环境并着手工作。

很幸运能够认识都柏林大学校长 Hugh R. Brady 教授，第一次见面是我陪同柯炳生校长在他访问中国农业大学关于两校间建立长期合作关系之时。这次抵达都柏林后第一个周末，我应邀拜访了 Hugh R. Brady 校长，我们彼此交谈些感兴趣的话题，他为人谦逊，对问题的看法客观而深刻，从大学战略、机构的设置、教学与科研、大学国际化等方面与我分享了他多年宝贵的经验。Hugh R. Brady 校长向我介绍了都柏林大学 10 年来的改革与发展，既传承了该校百年悠久的大学文化，又着眼于现代大学的发展模式。他在 44 岁出任大学校长之时，对评聘委员会的承诺是利用 10 年的时间，将都柏林大学建设成为国际知名的高水平大学，当时面临许多困难，但他认为最大的困难是一所大学观念上的转变，如何让管理团队、学术团队具有现代高水平大学的意识和思维是至关重要的。他的治校理念是通过开放、合作和创新实现大学质量评估与科学的过程管理，并体现在大学每五年战略规划和年度计划之中。

10 年的改革给都柏林大学带来了巨大的成功，都柏林大学在人才培养、引领科技创新、影响并支持政府与政策制定等方面发挥其社会影响力，因此，使其成为当今欧洲高等教育领域很有影响力的世界高水平的综合性大学。

Hugh R. Brady 校长所谈到的都是我无比感兴趣的话题，我在高校工作 20 多年，也曾走访过国内外很多大学，反复做着这样那样的比较，总是零散而又片面。这次有幸公派到爱尔兰都柏林大学访问学习，除了在专业上增长了些新的热点和知识，和校长 Hugh R. Brady 教授的交流引发我对都柏林大学内涵与活力的极大兴趣。交流中我希望有机会也能亲身感受其成功的经验，真正走近都柏林大学的运行模式，他欣然答应，很快就安排校长办公室制订了交谈计划，安排我全面地对都柏林大学副校长及各部门负责人分别进行单独的见面和交谈，每次的交流都激发我更深刻的思考并从中受益。

我亲临这所百年高校，领悟她的经典思想、办学理念和充满生机与活力的发展模式之时，时刻提醒自己应及时地把这些珍贵的经验记录下来与我国内大学的同事和朋友们分享，以感受都柏林大学精神的内涵与成功的经验。尽管我在成稿过程中也阅读了大量的相关文献、资料和网上信息，但仍然觉得自己见识和文笔难以透彻地表达一所高水平大学的内涵与魅力，如果您通过本书能够对国外高水平大学的建设产生兴趣，对您的工作有所启发和帮助的话，将使我感到无比的欣慰，这也是我为什么要把这本书呈现给同仁的真诚愿望。书中不足和错误也恳请您不惜赐教。

李全宏

2013 年 10 月

目 录 <<<<<

1 序 篇
Introduction

1.1 美丽的爱尔兰 现代的都柏林

Modern Dublin and beautiful Ireland

爱尔兰共和国是拥有5 000多年历史的风光绮丽的绿色岛国，她西临大西洋，东靠爱尔兰海，与英国隔海相望。这里气候温和湿润，受北大西洋暖流影响，为典型温带海洋性气候，四季区别不明显，年平均气温在0℃到20℃之间，长年多雨，晴朗天气约占全年的1/5，也因此绿荫遍布，河流纵横，素有“翡翠岛国”之美誉。

爱尔兰于1949年4月从英联邦独立，宣布成立共和国。1979年6月22日爱尔兰共和国与中国建交，两国关系良好，高层互访频繁，两国年贸易额超过20亿美元。她的国土面积70 273平方公里，2011年总人口数量居4 588 252人。2011年GDP总量为2 176.69亿美元，其人均GDP为世界前列，也是世界经济发展速度最快的国家之一，因经济发达赢得了“欧洲小虎”的美誉。爱尔兰20多年前是一个典型的农牧业国家，在过去10多年里，爱尔兰政府执行了一系列的国家经济发展计划，在通信与媒体、生物工程与医药、金融与服务等高科技产业带动国民经济发展，其电子商务产业世界领先，并以良好的投资环境吸引了大量海外投资，工业出口量达80%，国民经济持续高速增长，带动旅游与服务业发展迅速，成为经济合作与发展组织中经济发展最快的国家，完成了由农牧经济向知识经济的跨越，知识的吸收、科技的创新成为其社会成功转型的关键。在世界各国人均国民生产总值排名中，爱尔兰2003年排名第二，2007年排名第五，成为经济发达的国家。在这场经济变革中，大学以其对高素质专业人才培养为产业转型与社会进步提供了人才支撑。

美丽整洁的都柏林市位于爱尔兰岛东海岸的中心点，也是爱尔兰岛上最大的城市，市中心有蜿蜒的利菲河穿过。从12世纪罗马人占领爱尔兰将都柏林变为行政中心，18世纪英国殖民期间都柏林市建成的一大批乔治风格的建筑至今仍然可见。拥有100万人口的都柏林市也是19世纪末要求恢复爱尔兰语-盖尔语联盟运动和爱尔兰文艺复兴运动的中心，如今蒸蒸日上的都柏林市作为爱尔兰共和国首都已经成为爱尔兰政治、经济、文化、外交中心的现代国际化都市。

都柏林由于很多高技术企业聚集，所以有欧洲的“硅谷”之称。都柏林属于爱尔兰的交通系统的中心。拥有到欧洲、北美洲、中东以及非洲的全国最重大海港、机场，也拥有到爱尔兰各地的城市火车站、长途客运车站，从这里出发的长途汽车可以到达几乎所有爱尔兰东部的城镇和大部分西部主要城镇。都柏林公共汽车公司运营将近200条市内路线。都柏林有一条建于1984年的城市重轨电车，拥有两条建于2004年的轻轨电车，主要服务环都柏林湾，途经市中心。

这里的人们文明友善、淳朴而热情，我们所熟悉的《大河之舞》就源自这里。工作之余人们喜欢到酒吧开怀畅聊，无论是体育赛事还是酒吧都有许多优雅的老年人的身影，老年人只要身体经医生许可就可以无年龄限制驾车。

爱尔兰的现代大学教育非常成熟，首都都柏林自中世纪起就被誉为大学城。

美丽的都柏林

▲美丽都柏林

◀利菲河之桥

▶都柏林海

▶都柏林利菲河

▼现在的政府大楼曾经是都柏林大学的一部分

▼爱尔兰国会大厦

都柏林市随处可见的基督教堂

特色的乔治建筑

都柏林市街头独舞的长者

斯蒂芬斯公园街景

爱尔兰风格酒吧

1.2 纽曼的理念 历史的启示

Newman's idea and historical inspiration

1.2.1 纽曼创办大学的历程

约翰·亨利·纽曼(John Henry Newman,1801—1890),一位19世纪英国维多利亚时代著名的神学家、教育家、文学家和语言学家,思想涉猎广博,在教育和文学领域为后世留下了许多宝贵的思想财富,尤其对高等教育的理论探索,曾被认为是西方近现代大学教育早期发展阶段思想的反映,为今后高等教育理论的发展提供了重要基础。

纽曼1801年2月21日出生于伦敦的金融贵族家庭,自小受到良好的古典教育。他7岁时接受严格的私立学校教育,15岁入牛津大学三一学院(Trinity College)学习法律,1820年获学士学位,1822年纽曼当选为牛津奥里尔学院(Oriel College)院士,1824年被封立为基督教安立甘会牧师,1828年任牛津大学圣玛丽(St. Mary)教堂牧师,1831纽曼又被任命为大学讲道员。这一时期是纽曼在牛津大学"颇负时誉"的时期,他的布道吸引了不少听众,尤其是青年学生。

1833年纽曼与其他牛津学者一起发起了牛津运动(也称"高教派运动"),即英国基督教圣公会内部以牛津大学为中心兴起的教会改革运动,它向英国国教会提出了挑战。牛津运动一直持续到1842年,并成为纽曼思想形成和发展的重要转折。

1842年4月纽曼从牛津大学退居利特莫尔(Littlemore),完成《基督教教理发展论》一书,并于1845年10月放弃他所钟爱的基督教而皈依天主教。1852年,教皇训令在爱尔兰都柏林创办一所新的大学,纽曼应邀担任该大学的首任校长,并于1854年被正式任命为爱尔兰天主教大学的校长。

爱尔兰天主教大学就是现在都柏林大学的前身,纽曼为第一任校长。在开学第一天有17名学生的名字记入登记册,到第二个星期天,总计有4名军官和15名学生入学,纽曼发表了题为"我们来这里干什么?"的讲话,他说,当你们老了,你们会想起这些无比的骄傲与快乐的日子。他演讲的主要观点是为了承担起个人与社会的责任而愉快地学习,他崇高大学中学生与教师的平等与彼此真诚地沟通与尊重。最后,纽曼借用莎士比亚的一句话结束了演讲,"We few, we happy few, we band of brothers"(我们大学的人数虽然寥寥无几,且困难重重,我等却亲如兄弟)。就此纽曼开启了爱尔兰的高等教育之门。

爱尔兰天主教大学成立,使得爱尔兰有了早期高等教育,培养了思想家、政治家、公务员、律师、建筑师、历史学家、哲学家、作家、剧作家、医生、工程师和实干家,以此塑造了爱尔兰人为之骄傲的国家形象。在此后的一百多年里,这所大学在爱尔兰向既具有传统特色又有国际化特征的发达国家的发展进程中发挥了重要作用。

1855 年纽曼创办医学，相继培养了 111 名医生在都柏林的 5 个医学院校和医院工作并获得了广泛的赞誉，到 19 世纪末，纽曼创办的医学院已成为全国最大的医学院，在 1908 年，命名为都柏林大学医学院。

在 1856 年，纽曼的大学教堂对社会开放，除了宗教仪式，也在那里举行开放性学术会议和授奖仪式。

1857 年底，纽曼辞去校长一职，共在位 6 年。纽曼的大学发展之路经历许多挫折，办学之初，当时爱尔兰民众，从饥荒的灾难中刚刚开始恢复，对天主教大学没有多大兴趣。他倡导让学生愉快的学习理念，注重教育对高尚人格的培养，并谋求合理的管理。当时一位出身于贵族家庭肆无忌惮的爱尔兰学生给他带来很多管理上的麻烦，纽曼中途结束了他的学业，也有学生没有请假就夜不归宿，纽曼也做出了相应的惩罚。办学初期尽管他得到了国际社会学界在文化层面的支持，但没有收到任何国家的资助，纽曼的大学早年颁发的学位英联邦国家是不予承认的，这些学生和家长更渴望到国家认可的学位的大学接受教育。但由于纽曼的教育理念当时就有很大的社会影响，许多非爱尔兰学生被纽曼的声誉所吸引，慕名而来，他们从纽曼那里感受到牛津文化运动的影响。

1.2.2 纽曼的教育经典著作《大学的理念》

在任校长期间，纽曼曾提出一些新的办学计划，其中有的计划取得了成功，而有的则半途而废，但纽曼仍为该大学的发展奠定了坚实的基础，并就高等教育问题形成了许多精辟的论述。贝利坎(JaroslavPeli-Kan)曾对纽曼出任校长一事做出如下评价，他说："纽曼之任校长至少产生了一个积极的结果，那就是《大学的理念》的出版"，他的许多理论与实践汇编在《大学的理念》一书。

《大学的理念》一书最初是纽曼在 1852 年 5 月 10 日以后作的 9 次演讲，以及 1854 年以后所写的有关高等教育的相关讲座文章的集子。那 9 次演讲文稿曾以《论大学教育的范畴和性质》(On the Scope and Nature of University Education)为题加以出版。1873 年，纽曼在这九讲的基础上，吸收了《大学科目》(University Subjects)共十讲的内容，将二者合在一起，以《大学的理念》为题结集出版。这样《大学的理念》共包括了"大学教育"(University Teaching)和"大学科目"(University Subject)两部分共十九讲的内容。该书问世以后，受到人们的广泛关注，产生了很大的影响。

《大学的理念》充分表明了纽曼对大学教育问题的重视以及有关大学教育的一系列观点。而纽曼的大学观是他整个高等教育思想体系赖以建立的基础和前提，是维系其高等教育思想体系合理性的根本保障，如果缺失了他对大学观的理解，他的高等教育思想也就失去了其合法与合理的基础。

他的《大学的理念》代表了经典自由教育哲学，具有丰富和深刻的思想内涵和顽强的生命力，《大学的理念》在出版一百多年后的今天，仍对世界高等教育的发展有着积极的影响。

他主张学生"应真实主动地进入知识领域，拥抱它，掌握它，思维必须行动起来，半道迎接迎面而来的事实。你不是仅仅来听讲座或读书的,你是为了问答教学而来的。这种教学存在于你与教师之间的对话中”。他的理想大学中的学生,不仅要主动、积极、开放、交互式地进行学习,还要用普遍联系的观点去掌握知识。他主张学生在新旧知识之间建立联系,将新知识内化为整个知识体系的有机组成部分,真正实现学生的才智增长。纽曼有这样一个信念,他的学生应该是有自立的能力和自学能力,因此安排学生各自在相对独立的房间学习,同时也有公共的小礼堂和公用桌供学生进行交流,进行交互式学习。

交互式学习(Communication Learning)就是学生之间的互动,强调学生之间学习的交流、沟通,甚至鼓励学生间的竞争,以此来推动和促进学生的积极性,进而达到好的学习效果。纽曼认为大学需要加强沟通和交往,通过这种方式,日积月累,学生将获得新的观念和思想,将掌握不同的判断标准和行为规则。即使没人进行教授,他们也会相互学习、互相促进、共同进步,最终使他们的学习具有极强的自觉性。

这种沟通不只是学生与学生之间的沟通,纽曼也强调了大学内部师生间的互动,强调大学内部的交往。所以,纽曼要求每个学院是一个教育小团体,有院长和私人导师。

在《大学的理念》中,“交流”或“交往”(Communication)具有极高的出现频率,纽曼认为正是这种互动或交往促进了思想的沟通与交流,这是大学与其他教育机构相区别的特征所在。在纽曼看来,大学不仅提供了一个教育场所,大学更孕育了“一种独特的思想氛围”,纽曼极力强调这种氛围的作用。他说:“这种氛围对于身处其中的个人的发展是双重力量源泉:一方面,它给每个人的思想,留下独到印证;另一方面,它在他及他人之间建立纽带。这才是真正的教育,在这样的氛围中,即使没有教师教他们,他们也肯定会取长补短、共同进步。”

在交互式学习的基础上,纽曼的脑海中产生了新的教学方法。

纽曼有关新的教学方法的论述,可以从教师和学生的角度分别加以说明。从教师角度出发,纽曼强调教师的讲授,反对孤立的书本学习;从学生的角度看,纽曼主张学生间的交互式学习。同时纽曼十分强调教师与教师之间、教师与学生之间、学生与学生之间的交流与互动。纽曼认为书本只是一种工具和手段,并不能代替教师的言传身教。他指出:“文字记载的范围及其不可估计的功益,乃在于它是真理的记录,它供给权威的论据,以及它是教师手中的教授工具。然而,如果我们想要得到任何纷繁而且复杂的学科部门的精确而详尽的知识,我们便不得不去征询活着的人物,谛听他的活的声音。”纽曼认为“书本的工具性定位是由书本的固有弊端所决定的,因为没有一本书能够就任何科目所可能提出的细微问题做出通盘的讨论,也没有一本书能够把每一个读者所个别发觉到的疑难一一加以解决。”在对比中,纽曼指出:“一本书在迅速而确切地表达其主题所有的特别精神与细微特性上,必比不上从目光、面貌、声音、姿态和在临时发出的触景的言辞中,在日常会谈的那不可预料的话题转换中,所获得的那心与心之间的共鸣。”而且,“任何一项科目的一般原理,你都可以在家里从书本上学到。但是即使此原理活在我们心中的各种细节、色彩、音调以及容态等等,却不能不从那心目中已经有了这些的人们身上去汲取。”纽曼认为应跟从教师学习,反对纯粹的书本式学习方式,认为跟随教师学习优于书本学习之处在于前者是一种活的学习方式。因此,纽曼主张“必须到智慧的教师们处去学习智慧,我们必须寻访源头,以便获得清饮。”这种思想实际上也是对学校教育不可替代性所作的方法论上的进一步论证和明确。

在大学课程方面，纽曼主张应“尽量扩大大学的课程范围”。纽曼指出“学生的智力养成首先应在他们的思想中打下有关科学、方法、秩序、规则以及体系的烙印。”为此，就需要开设一些如语法、数学、历史、地理以及写作等方面的课程。他说：“首先应教授语法，因为语法在学生能力发展中是最为重要和必需的科目；其次是数学，该学科的设置主要在于赋予学生以发展的观念和培养他们围绕一个中心进行管理、安排的能力；在学习历史之前，首先应有年代学和地理的基础，因而历史、地理、年代学也应成为教学科目的重要组成部分；此外，对韵文的阅读和写作也应成为教学内容之一。”纽曼在课程设计上实行两级课程体系，即以自由教育为基础理论的课程设置和以专业教育如法律、医学等为代表的专业课程设置。

纽曼曾说，“大学要么指学生而言，要么指学科而言。”他对大学的阐释也是从学生和学科这两个角度进行的。纽曼说：“如果有人要我用简洁通俗的语言来阐述‘大学是什么？’，那么我借用一句古老的话来表述，大学是探索普遍学问的地方。”他用这句话来表述大学，揭示了大学是来自世界各地的陌生人聚集到同一个地方以探求高深学问，“如果人员不是来自世界各地，就不会有探索各种知识的老师和学生；如果不是聚集在同一个地点，就根本不会有任何学校。”所以从大学作为简单的基本的存在形式上看，大学是包括各种普遍知识的学校，它拥有来自各地的老师和学习者。从本质上说，大学是通过世界各地的人之间的交流来沟通和传播思想的地方。

纽曼认为，大学就是传授普遍知识的场所。从大学产生的历史看，古代的大学就是一种“普遍性的学术机构”；从大学的简单与原始的形式上看，它乃是包括所有各部门知识的学校，拥有来自各地的教授与学生。

普遍的知识就是大学传授的知识应该是具有普遍意义的真理和外国高等教育知识。大学应吸纳人类所有的艺术、科学、历史和哲学等方面的知识，并赋予每门学科以合适的地位。在纽曼眼中，正是由于大学具有传授普遍知识的特性，大学才成了“智慧的首府，是人文的亮光，是宗教的传播者，是下一代文明之母。”

他同时强调普遍知识的传授就是，从知识的完整性出发，大学的课程应该遍设一切学科，平等地看待所有的知识。在大学内，知识之间不应该存在高低贵贱之分。他说：“大学首先应承诺讲授任何一门人类知识，应包容人类思想中所有高尚的思想观念。”“相对于大学而言，没有任何一门知识是因太大或太小，因太遥远抑或太具体或太细微而不值得去关注。”相反，“大学应吸纳人类所有的艺术、科学、历史和哲学等方面的知识，并赋予每门学科以合适的定位。”

纽曼认为大学作为一种制度性存在，它对普遍知识的传授具有重要的意义。认为大学是一种“保护性力量”，是“真理的仲裁者”。他说：“大学是所有知识、科学、事实和规则，研究与发现，实验与思索的制度性保护力量，大学描绘出智力活动的范围。每一领域的疆界都值得如宗教虔诚似地加以尊重。大学犹如真理的仲裁者，通过考察真理自身的特性及其主要意义，来确定各自在大学真理序列中的优先秩序，大学不因某一学科的伟大或显贵而排斥和牺牲其他学科；根据各个学科范围不同的重要性，大学尊重并忠实于文学、自然科学、历史、形而上学和神学等学科的各种要求；大学公平地对待所有的学科，把它们提升到与其目的相符的位置序列中去。”这揭示出作为制度存在的大学的公平性、包容性和统一性，对于人类所有知识的传授和知识间的和谐共处具有重要的保证性意义。

作为普遍传授知识的场所，纽曼认为：“大学是一个教育场所（a place of education），而不仅仅是一个教学场所（a place of instruction）。”教育与教学之间存在着根本的区别。前者与大学的智力培养目标相联系，其范围比教学宽泛；而教学与智力培养目标的相关性并不大。纽曼指出：“教学（instruction）与人的智力养成没有太大关联，而教育（education）则不同，其主要目的便在于智力培养。”

大学作为一种教育场所，纽曼认为它首先是一种氛围，一种情景，在这种氛围中学生受到熏陶和陶冶，达到智力提升的目的。对此，纽曼在讨论大学课程设置时指出“课程设置范围要尽可能宽泛，但宽泛的课程设置并不是要求每个学生对每一科目都有深入的把握，而是为学生提供一种环境和氛围。”纽曼认为这种环境和氛围是“作为教育场所和传授普遍知识机构的大学的优势所在”。这种优势主要表现为，大学集中了各种不同学科的学者，他们热衷于本门学科的深入研究，有利于在学科之间形成良性的竞争，有利于加强学科之间的交流，有利于不同学科间的相互借鉴和相互帮助，从而形成一种思想氛围，学生在这种氛围中会得到很大的提高。同时，大学具有自身的智力传统，学生生活于其间，“可以受益于这种智力传统，这种传统也能引导学生进行科目选择，并且能对学生所选择的科目提供合适的指导和解释。”这里所说的智力传统实际上就是大学的智力氛围。在这种渗透于大学方方面面的氛围里面，学生无形中会受到传统精神的熏陶，从而秉承传统，促使自己进步。纽曼在此看到了学校环境对人发展的重要作用，正是在此基础上，纽曼提出学校教育的不可替代性。

作为校长和哲学家的纽曼在都柏林的数年里常常思考的问题是如何实现创办大学的目的，如何开创一个开放的大学教育，在他的高等教育职业生涯中对如何合理设置有效保障大学质量的大学机构最为关注，他当时起草的相关的规则和规章都予以公开发表，并获得了全球教育界的广泛尊重。

纽曼认为大学教育具有双重目的。“一方面，大学的目的是理智的而非道德的；另一方面，它是以传播和推广知识而非扩展知识为目的。”这种大学具有的知识性目标只是近期目标，是指“根据建立一个至高秩序的需要，确保所有人类智力创造的思想领域和方法在这个秩序中各得其所，并能得到恰如其分的培养和发展。”关于大学发展的近期目标，纽曼在讨论爱尔兰都柏林大学的办学目的时指出：“最初的主要和直接的目标并不在于科学、职业技能和文学等知识的传授或知识的创新，而在于通过文学和科学的传授，使其子民受益，在于养成一定的习惯，如道德行为习惯和智力习惯等。”

这种大学的目的不是培养贵族，而是培养具有高尚德行和理性的有教养的绅士。这个目的的达成不可能通过狭隘的专业训练，而只有通过开放的大学教育才能实现。

开放式教育，从语义上看，它是与“奴性”一词相对立的。开放教育和开放探究就是心智、理智和反思的操作活动，反对无心智活动参与的体力劳动和机械作业。开放教育的目的“不是造就基督徒，也不是天主教徒，而是绅士。”开放教育虽不是专业教育，但它依然具有实用性。针对功利主义的教育观点，纽曼在《大学的理念》中指出：“让我告诉你们一种开放教育是怎样具有真实和充分的实用性，虽然它并非是一种专业教育。诚然，‘好的’是一回事，‘实用的’是另一回事，但是我确定的原则，虽然实用的未必总是好的，好的总是实用的。好的不只是好的，而是能够再产生出更好的。”

开放式教育的实现，可以通过训练人的理智，这是纽曼在《大学的理念》中反复强调的观点。他认为“理智是一种才能，一种恩惠，它能使知识产生实际的效果。”大学不仅要传承知识，更重要的目标在于发展人的理智。这个过程“就像明智的农业家，适应自然的进程和科学管理，并在细心的照料中趋于成熟，这需要耗费时间和精力，它的目标就是要培养优秀的智力，而不是德行。”这种智力培养无须附加其他外在目标，其自身就是目的。而且智力培养又与真理相结合，“无论何种真理都可作为智力培养的目标，智力培养就在于对真理的思索。”纽曼所强调的智力培养实质上是一种能力的培养，这种能力“是把不同事物立即看成一个整体的能力；是把不同的事物或知识归入思想体系并使其恰如其分的能力；是对不同的价值进行理解并关注它们之间相互联系、相互依存的能力。”这样的智力训练使学生能够“对所有的事物、现象都有着清晰、准确和客观的理解”，从而最终实现开放教育的目标，使受教育者人格得以完善。

1.2.3　纽曼教育理念的珍贵价值

实际上大学教育的智力培养就是纽曼对大学社会性目标的定位。纽曼认为应在智力目标的前提下为社会培养合格的公民。“如果说大学课程有实用目标的话，那就是培养良好的社会公民。因此，大学教育的艺术是一种社会生活的艺术，大学教育的目的也是为了适应这个世界。”在纽曼眼中，合格公民便是有德行、有理性的绅士。

《大学的理念》一书中纽曼认为人的本质在于理性，大学教育就是培养人的理性，重视人的因素。纽曼认为大学是讲授知识的场所，针对准备接受确认知识的学生而言，传授的目的是培养学生愉快学习的兴趣，通过智力的培养让学生具有对各种各样的知识进行联系、综合、分析、运用和思考的能力，这是大学教育的过程，最终使学生形成自我学习的能力。

纽曼在大学的教育观中最为突出的就是主张教学和科研相分离，他认为大学不是学术机构。因为在当时人们对科学研究的认识尚处有朦胧与神秘性，科学与神学相互交织，这样的历史背景下提出的想法有其历史的特殊性。

纽曼认为大学不同于研究机构，大学传授的必须是验证正确的知识，研究机构是知识发现和创新的重要场所，允许有各种假设有待于验证，两者的功能是不同的，这不影响大学本身的创新。他认为：“如果大学的目的是进行科学和哲学发现，我不明白为什么一所大学要有学生；如果大学的目的是进行宗教训练，我不明白它为什么会成为文学和科学之府。”纽曼指出大学“是以传播和推广知识而非增扩知识为目的的”，其为教学而设的原因主要在于其关注的对象是学生，而且“有许多其他机构比大学更适宜作为促进哲学性探索、扩增知识领域的场所”。

纽曼给我们留下的重要遗产是他一直为教育的开放性和功利性寻求平衡点，他不仅力图保留老教科书中最好的知识，同时探索在大学教育中反映时代对新知识的需求，他了解经典教育的价值，但他同时力图发展和创新。纽曼认为，知识本身具有非功利性和世俗性。纽曼确信

"知识本身就是目的"。他把对知识过程的追求和对感官知识的超越很自然地同精神追求连在一起。他说:"我们真正所指的知识是一种心智状态或条件。"对于那些拥有知识的人来说,知识具有特殊的价值。实际上一旦知识提升到科学形式,它也是一种力量。我们可以随心所欲驾驭它或用它进行交流和沟通,可以用来应付不时之需,可以带在身边,进入市场。知识是一种精神启示,是一种习惯,是一种个人的财富,是一种内在的禀赋。当知识是一种心智状态或条件时,对它的追求既是精神所需,同时也是我们平常生活的一种"力量"工具。

他的大学的理念当时从经典教育的角度被认为是离谱的事情,纽曼确立了诗歌艺术、爱尔兰的英文文学在当时大学里的首席地位,他同时积极发展新兴学科,在他主政的大学里政治与社会科学、政治经济学、地理学、考古学与爱尔兰历史等学科都处于当时的欧洲学术前沿。

他的经典作品《大学的理念》所体现的大学是针对未受高等智能训练的学生,人格的培养、知识的传授、技能的培训和科学创新,通过因材施教,课堂师生互动,学生主动参与,课下师生共同讨论,奠定了大学是传授知识的核心内涵。纽曼认为大学培养人才的同时要谋求服务社会,使社会收益,他组织教授们对社区开设一系列公共课堂,这在当时与其他学校不同,纽曼的大学为社会在职人员开设晚间的课程学习班。

当今时代全球化与多样性极大丰富并冲击着现代高等教育,但人类可持续的文明进程的努力方向没有改变,一种普遍性的大学精神适合于任何一所大学。19 世纪开放教育的伟大倡导者,世界教育史上大名鼎鼎的教育家约翰·亨利·纽曼曾表示,高等教育就像不同民族的伟大作家对本民族性格的描述,无论是过去还是未来,东方还是西方彼此都是可以交流的,并相互汲取其精华,有益于彼此的发展,不必过于探究彼此过程的不同,因为大学始终是和社会联系在一起并对人的影响发挥作用。在纽曼著名的文章段落中他对爱尔兰和他所创办的大学的未来有这样的期望:我期盼在一片美丽田园里,那里的老年人拥有安逸,年轻人拥有未来;我在漫长的黑夜里沉思,坚信白天必将到来;我用百年的目光眺望,朦胧中发现世界两半球之岛有了通路;美丽而浪漫的海湾变成繁荣之都和希望之地,在这里我看到为未来而奋斗的兴旺的大学,尽管他的创办者和为之奉献的人们都已逝去,但大学的成功必告慰先人的忧患。

纽曼先生闪光的大学的理念、睿智的教育思想和开阔的胸襟在当时教育界产生着重要的影响。在纽曼的所有遗赠中,无论是斯蒂芬大街所留下的建筑,还是勤勉后人的教育经典,或者他持有的独到管理视角,以及他所面对困难挑战的勇气,给都柏林大学留下永久无价的精神财富。这就是伟大的教育家约翰·亨利·纽曼先生,都柏林大学的创始人,激励着这所百年名校不断开拓创新,追寻真理,展现特有的现代高水平大学的内涵与魅力。

纽曼的大学

▲150年前纽曼授课教室

▲纽曼大楼内的画像

▲纽曼大楼办公室

▲纽曼大楼里的雕塑

▲纽曼大楼内景

▲纽曼大楼装饰

纽曼大楼前门

纽曼大楼窗外的景色

纽曼办公室之门

纽曼大楼外景

百年前的毕业生

1.3 当今的都柏林大学

Today's University College Dublin

这是一所拥有独特文化和持续发展动力的研究密集型开放性大学，她由最初的爱尔兰天主教大学，后来成为皇家大学，1908年成为国立都柏林大学，1997年实行大学自治，学生被授予爱尔兰国家大学学位。早在20世纪初，无数的都柏林大学学子积极投身于爱尔兰的独立斗争，为民族的独立与解放做出了重要贡献。都柏林大学为造就现代化的爱尔兰也做出了突出贡献，为新兴产业的崛起与发展输送了大量的高科技人才，都柏林大学一直是爱尔兰最具影响力的文化、商业和政治人物的摇篮，历任爱尔兰总统、总理中一半毕业于这所高校，这所大学培养了爱尔兰大部分总检察官、最高法院法官和内阁部长以及众多欧美委员会成员；培养了诺贝尔奖、奥斯卡奖和布克文学奖获得者；商界领导人托尼·欧莱里博士和彼得·萨塞兰博士，小说家詹母斯·乔伊斯，电影导演尼尔·乔丹和吉姆·舍里丹等艺术和文学领域的巨匠都是这所大学的毕业生。都柏林大学在爱尔兰由传统农业国家转型为现代知识经济密集型经济体系中发挥了重要作用，一项校友调查资料显示，爱尔兰的公司首席执行官1/3是该大学毕业生。

都柏林大学主校区坐落在都柏林城市中心南部3英里的贝尔菲尔德，拥有132公顷的土地。校园里迷人园景中交映着现代建筑群，大部分学院、研究机构、众多的休闲和体育设施以及学生宿舍都分布在主校区。在市中心毗邻圣史蒂芬·格林大街的校园，是伟大的教育家纽曼先生创办都柏林大学的旧址，有古典的大学建筑物，当年纽曼先生的办公和授课的文物一直保存良好，他的《大学的理念》是教育界备受尊崇的经典之作。都柏林大学的商学院研究生院则位于黑石校园，另外农业、食品科学与兽医学院的研究农场在里昂村。整个校园面积超过220公顷。

当今都柏林大学是爱尔兰最大的也是学科最齐全的国立大学，是一所充满生机和活力的现代化的高水平大学，拥有人类科学、艺术与凯尔特、科学、工程与建筑、健康科学、商业与法律、农业食品与兽医等7大学院近60个系部，致力于本科生、研究生教学与人才培养。都柏林大学奎恩商学院是爱尔兰唯一同时拥有美国商学院协会（AACSB国际）和欧洲质量改善系统（EQUIS）认证的商学院，这两个认证是美国和欧洲最佳商学院的质量标志，因为要和美国与欧洲顶尖的商学院逐项衡量对比，全世界只有20所商学院同时获得两项殊荣，这是对商学院优秀水平的国际认可。而研究生商学院更是被称为三皇冠认证的世界顶级优秀商学院，目前世界上只有9所商学院获此殊荣。商学院培养本科生为三年学制，MBA专业学生仅一年学制。该大学的商学院被公认是全世界最好的50所商学院之一。

都柏林大学拥有7个重大的多学科综合研究院、2个工程技术中心、1个为爱尔兰科学基金提供新兴科技战略研究集群、19个专业研究中心和专题研究院，以打造科研型大学。该校的研究机构有大量的博士生、博士后参与科学研究，同时聘任大量的流动科研人员从事专题研究。截至2012年在*Science*、*Nature*已发表30余篇学术论文。

2011 年资料显示，都柏林大学在全球高等教育机构排名 89～131 之间，在欧洲大学排名前 30 位。在校学生共 24 625 人，其中，外派到海外的学生数为 3 921 人；在校的国外学生数为 4 691 人，占全校学生比例为 19%，分别来自 122 个国家，研究生中有超过 30%的国际学生，25%的员工来自国外；在校博士生为 1 743 人，在校本科生为 7 007 人，每年获得奖学金人数为 7 711 人，50%的本科生毕业后进入研究生阶段的学习。都柏林大学非国库经费占 44%，年平均运行经费为 4.42 亿欧元，近 5 年获得欧盟 4.8 亿欧元资助。校园绿化面积达 133 公顷；科研与实验设施建筑面积为 134 800 平方米；每年超过 170 多万人次使用过图书馆。爱尔兰国立大学之间的学生可以无须缴费相互进行课程选修，只在一所大学缴纳学费即可，因此都柏林大学 25%的硕士研究生和 28%的博士研究生在爱尔兰 7 所高校注册进行课程选修。

都柏林大学是一所在欧洲具有领先地位的研究型大学，本部设有 5 个资料齐备的图书馆，专业化的科研装备和教学设施，优质的互联网信息服务设施为教学科研提供了坚实的基础设施保障，完备的体育设施和福利保障体系造就了充满生机和活力的校园社区生活。这为来到这里的爱尔兰人和世界各国的学生增长才智、专业发展提供了优越的环境，其丰富的课外文化、体育和娱乐活动、健康指导、就业建议和社交等为学生综合素质的提高提供了有力的支撑和激励环境，源自于纽曼的经典大学的理念至今仍是激励这所大学锐意进取的精神与力量源泉。

开放的办学理念，使这所大学与国际组织、政府、社区和企业以及大学间有着广泛而持久的动态合作，塑造了自身品质并在诸多领域发挥引领作用，也为学校发展带来不竭的机遇。民主的学术氛围造就了多学科的融合，崇尚创新、合作、包容成为其高效产出的共同意识，尊重学术兴趣的科学研究形成一大批有产业应用前景的高水平科研成果。

这是一所开放性的大学，丰富的本科生、研究生模块化课程选修体系，不仅为本校各专业学生提供广泛的高质量课程选择菜单，同时可以为国内其他大学和社会的学生提供选修，不仅可以面对面授课也可以远程教学。都柏林大学的持续专业发展、科学研究与产业技术创新，无论是生命科学、量子理论等尖端自然科学，还是复杂的人类可持续发展与气候变化等社会热点研究，都柏林大学都创造了开放、创新、包容、协助的学术环境，鼓励跨学科研究，与爱尔兰和国际领先的研究机构广泛合作，从而形成学术多样性的巨大活力。都柏林大学所有设施对社会开放，美丽的校园环境，成为国际学术和专业会议的理想场地。

国际化的教育理念，国际化的教师，多样性的学科吸引全球学子和学者来这里求学和工作。与此同时，全球化的办学理念带来全球化的教育实践、全球化的信息网络、全球化的合作、全球化的足迹与影响力，以此使它成为真正的国际化大学，与当今百余所国际高水平大学并驾齐驱并成为合作伙伴。国际化带来的多元文化融合赋予这所百年大学特有的包容与谦逊，持续的国际资助造就了高品质的科学产出和学术领军人物，并赢得全球的信誉。无论是管理层还是学术研究或是人才培养，任何一个领域都深深地融入国际化的素材，国际化联盟、国际化合作在大学成为可持续发展的驱动力。都柏林大学与全球 21 所研究型大学结成网络联盟，为学生提供一系列的出国交流与学习的机会。

都柏林大学是一所朝气蓬勃的现代化大学，以其高质量的教育水准和开拓性研究课题而享誉世界。其连锁教学和研究机构遍布全球。作为欧盟苏格拉底(Socrate)计划的全职合伙人,与欧洲150多所大学建立了合作关系。在马来西亚、斯里兰卡、新加坡和中国香港都设有商务学位课程,每年吸收数千名海外学生前往都柏林大学本部深造。

创新引领学校的全面发展,成就了她10年的改革,创新已经成为这所学校的文化内涵。无论是本科、研究生教育,还是科学研究,乃至学校的管理,创新深入人心,无处不在,成为支撑这所学校发展的重要支柱。大学的管理更有其独到之处,在学校、院系以及研究机构均有管理董事会和专家委员会。校内专家与校外知名学者、企业家和官员组成的董事会在学校发展战略的制订与监督中发挥了重要作用,开阔了办学思路并实施了大学及学院长远的规划。严谨、精干而规范的专家管理团队,使这所大学持续高效地运转;发达的互联网数字信息化平台支撑着教学、科研和大学管理;跨学科的研究机构积极服务于爱尔兰的发展并应对全球化的挑战……

所有这些软实力为这所大学赢得了它在国际上的学术地位。

都柏林大学是爱尔兰最大的国立大学,拥有引以为自豪的150多年的历史,为塑造发达文明的现代化的爱尔兰提供了卓越的高等教育,使学生们全方位地得到发展,培养了大批高素质人才,并以此发挥了对国家政策的重要影响力。在科学研究领域,例如糖尿病与艾滋病的预防和治疗、爱尔兰的历史与文化研究、爱尔兰的经济发展等相关领域肩负了国际化的责任,是爱尔兰高等教育发展的引领者。

这是一所已经进入高等教育先进水平的成熟的现代化大学,它的成熟在于客观有序地处理大学发展中的各种问题。在教学方面通过"视野化"理念、模块化管理、创造愉快学习的环境,实现优质的本科教育;通过"协商"理念和民主的学术环境实现研究生教育中的高水平科技创新;通过引进商业管理团队对学校成果转化、人事、资产、物业等进行有效管理,消除了学校长期以来负债局面。都柏林大学充分利用校内外一切有益的资源,实现大学高质量、可持续、高效率地运转。

都柏林大学校友定期出席校友活动,对学校发展提出建议,不断地资助与支持学校的发展,学校也因为校友而赢得社会广泛的尊重和信誉。

当今都柏林大学

瑞查德图书馆

学生中心

欧来丽会议大厅

主图书馆

农业与食品科学楼

健康科学楼

◀教学楼

▶查尔斯研究所

▲科技成果产业孵化中心

▼新建成的学生宿舍楼

◀乔伊斯图书馆

◀兽医楼

▼科学中心大楼

吉尔利艺术中心

计算机中心

注册办公室

法学院

全球化的爱尔兰研究中心

校园内的信息系统终端

蒂尔尼楼

吉尔利艺术中心

李国瑞住宅

工程教学楼

橡树下的戴达罗斯楼

黑石商学院

美丽校园

▲校园侧影

▲校园的百年建筑

▲春天的木兰花

▲5万平方米的科学中心大楼外景

▲克林顿研究中心外景

▲奥卡尼影视研究中心

▲彩虹下的校园

▲校园之秋

▲校园通道夜景

▲校园草坪

▲校园景色

▲校园里的天鹅湖

▲校园水塔

▲校园夜景

▲秋景中的办公楼

▶校园之雪

▶校园内规范的路牌

▶黑石商学院研究生院

▲校园春天的樱花

▲　纽曼楼里的走廊

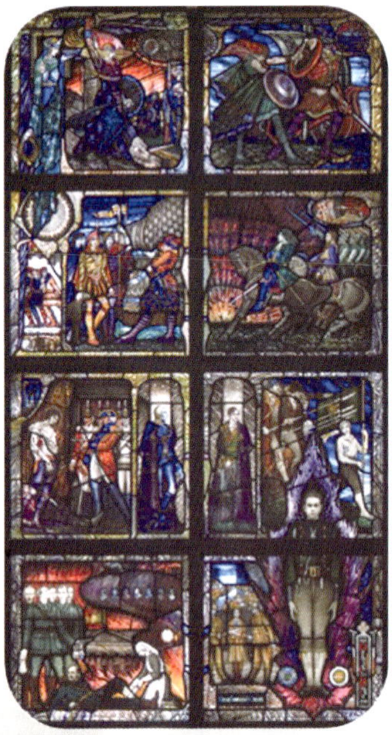

▲百年的玻璃彩绘

▲学生宿舍楼门厅

▼学生中心游泳池

▲科学中心大楼门厅

▲健康研究所的学生们

▲黑石图书馆阅览室

▲奎恩楼中厅

▲赖利会议厅

▲科技创业园公用设施

▲健康研究中心门厅

▲学生中心影院

学生中心模拟法庭▶

◀科技创业园公用设施

校园生活

▲校友重逢

▲校园咖啡屋

学生餐厅▶

▶音乐晚会

◀国际生娱乐与交流场所

▲校友返校晚会

▲校友重逢

▲划船俱乐部的学生

▲打雪仗

▲橄榄球赛

▲对社会开放的校园

▲蹦床

▲学生活动中心健身房

校园雕塑

▲克林顿研究中心室内雕塑

▲食堂前的雕塑

▶健康科学楼内的铝铜合金艺术品

▲梅林广场前的塑像

▶学生宿舍楼前的雕塑

▲学生宿舍楼前的骏马

▲文学巨匠乔伊斯半身像

▶学生宿舍楼前的雄鸡雕塑

◀学生住宅背景雕塑

▲湖边的少女

◀草坪旁的雕塑

▲湖边艺术品夜景

2 行政管理篇

Administrative management

2.1 都柏林大学的组织体系

Organizational system of University College Dublin

国立都柏林大学(都柏林大学)管理局也就是大学董事会,依据《大学法》和国家大学管理局的提名进行校长任命。依据1997年修订的《大学法》,大学董事会成员由爱尔兰政府官员、教授代表、学生代表、社会名人等40人组成。负责制订大学法规、政策和决议,监督政策执行,监控高层管理人员职能,与校长协商确定大学发展目标。其他教学、科研、人事、物业等事宜委任校长处理。校长任期一般为10年,校长上任后半年内任命副校长及各部处管理团队,管理团队对校长负责,校长全面负责学校一切事务。大学有两个永久性管理机构的委员会:审计与风险管理委员会、财务与薪酬及资产管理委员会。

新任校长上任后依据《大学法》产生新的董事会和学术委员会,大学学术委员一般由各学部知名教授担任。大学学术委员会任命学院(学部)学术委员会,学术委员会的主要职责是制订学术发展的国际标准的相关政策,协助校长处理职称晋升、教学、科研等相关学术事务的管理与运行。期间学校预算委员会、董事会、学术委员根据学校发展规划和大学各部门及所有工作岗位的实际需要,为校长提供要聘任的岗位及人员名单,校长据此任命大学正式员工或聘任校外成员组建校长管理团队。

校长从大学学术委员会成员、其他教职员工或外聘员工中任命副校长及各部门行政人员、学院院长、研究机构负责人,任命学校、学部、机构的教学和科研以及重大专项董事会及成员,协助处理日常事务。校长任命各分管副校长和财务总监以此组建行政团队,常务副校长负责学生注册管理,分管学术建设,图书馆、教室等固定设施配套与管理,IT中心等配套部门的管理,其他副校长有学生管理副校长、科研副校长、创新副校长(负责科技成果转化)、人力资源副校长、发展副校长(负责基金会、校友会、后勤、基建)。校长直接领导校长办公室,负责战略规划的制订与实施、协调大学日常工作等。

学生日常相关活动、娱乐、就业等由学生会负责,根据大学章程学生会主席也是大学董事会成员。学生会是相对独立的管理系统,学校一名副校长负责联络学生会,协商相关事务。大学工会负责保护员工福利、就业等权益,工会有权要求学校不能随意裁员。各学院和研究机构都有行政董事会和学术委员会负责各自工作。

大学不仅建立高级管理团队,负责大学的日常管理,同时也从商界招聘富有管理经验和技能的高级管理人才参与到大学重要行政部门,完善并强化发展规划,推进学校的改革与发展。行政管理机构也包括负责终生教育与培训的成教中心。

都柏林大学对学生的管理是建立基于网络信息系统的注册管理系统,包括学籍管理、不同年级或学习阶段的课程教学管理。研究生与本科生注册管理是两套平行的管理体系,通过注册系统有效地实施本科生、研究生教学与培养过程中的质量评估。

大学财务系统是由财务总监、财务部及各单位指定财务负责人组成,负责日常财务监管。

各学院院长、研究机构负责人由校长任命同时任命与学校配套的管理团队和成员，例如有学术委员会、行政董事会等。

学校有7大学院，分别是人类科学学院、艺术与凯尔特研究学院、科学学院、工程与建筑学院、健康科学学院、商业与法律学院、农业食品科学与兽医学院。人类科学学院由应用社会科学系、经济系、教育系、地理规划与环境政策系、信息与图书馆研究系、哲学系、政策与国际关系系、新心理学系、社会司法系、社会学系等10个系组成；艺术与凯尔特研究学院由考古学系、艺术史与文化政策系、古希腊系、英语戏剧与电影系、历史与档案系、爱尔兰人与凯尔特人研究爱尔兰民俗与语言系、语言语文学系、音乐系、社会科学系、艺术系等10个系组成；科学学院由生物与环境科学系、生物分子与生物制药科学系、化学与生物化学系、计算机科学与信息系、地质科学系、数学科学系、物理科学系等7个系组成；工程与建筑学院由建筑系、生物系统工程系、化学与生物加工工程系、土木结构与环境工程系、电力电子与通讯系、机械与材料工程系等6个系组成；健康科学学院由药与医学科学系、护理助产与健康系统系、公众健康物理疗法和人口科学系等组成；商业与法律学院由商业系和法律系组成；农业食品科学与兽医学院由农业与食品科学系和兽医系组成。

为整合学科资源，实现边缘学科效应互补，提升科学创新能力，都柏林大学设立了多个跨学科的研究机构，其重要职能是开展国际领先水平科学研究。主要的多学科研究机构有：食品与健康研究机构、复杂与自适应系统研究机构、康威研究机构、地球研究机构、吉尔林研究机构、人文学研究机构、合成与化学生物技术研究机构等。研究机构的组成模式与运动机制各不相同，由董事会、学术委员会和行政管理团队三驾马车保证了宽松有序的学术环境，有效杜绝腐败。

2.2 行政管理机构

Administrative agencies

都柏林大学利用先进的网络办公自动化系统开展行政管理工作，极大地提高了工作实效与透明度。行政管理部门介绍如下。

2.2.1 成人教育与终生学习部

致力于发展具有包容性的成人教育环境，重点为社区和机构两大领域提供教育培训，提供各种灵活的学习选择，促进大学教育的多样性。通过结合社会的时代需求，满足校外学生终身学习的需要、追求知识的使命与角色诉求，敏锐地应对竞争的挑战，精心设计模块化教学和教学质量评估，丰富大学社会服务的实践与职能，提升大学及学生的社会影响力与领导地位。

利用视频和音频学习资料，为残疾人员营造具有吸引力的学习环境，实现灵活的学习。成人远程教育与校园的教学与科研工作相协同，为成人提供包容性的学习环境。都柏林大学成人教育部为残疾人开设的各类成人教育培训的质量在爱尔兰享有美誉。

2.2.2 评估部

专门负责学生教与学的质量评估与考核政策制订、咨询和管理。与各学院、学校计划办公室和行政部门沟通，创建学期课程与考试时间表；对所有学生和教学人员进行质量评估并提供查询，通过分析教学过程与考试成绩，评估学生培养质量；负责处理学生考试试卷打印，以确保考试试卷到达考试中心；负责为考试中心招募内部和外部监考员并支付考官费用；负责研究生考试、学位答辩过程的质量监管、报销相关费用。根据需要负责考试试卷、答辩论文存入图书馆档案馆；制订学生成绩多种分级规则与学分计算方法，并公布最终学生成绩。

2.2.3 评估上诉办公室

学生不能通过考试意味着需要重修，累计 3 门功课不能通过意味着留级，重修需缴纳学费，在都柏林大学如果某课程有 10%的学生不能通过考核，学校学术委员会会对教师的授课以及模块内容的设计进行审查。学生如果对学术委员会考试中心的考试或论文考核成绩有异议，可提出予以复议或给予索赔的申诉，上诉须在成绩下达后 30 天内在网上或以其他方式提交申诉要求。一般学生提出上诉需要有足够的理由，例如，有证据表明在考核过程中的实质性违规行为，或者试卷上有重大错误或误导性的错误，学生需要首先与考试委员会或学院院长联系，要求合理解决，如果没有得到合理满意的答复，可以申诉。

如果学生遭受疾病或某些个人或家庭的创伤，由于考官不知道导致考核没有通过，可从轻处罚，但必须有原始医疗证明/警察报告(等)并证明已经影响考试或考核。学生提出申诉并必须完成评估上诉表，提供所有证明材料，并支付 75 欧元学校方可予以受理。学生提交申诉表后按一定程序限期予以办理。

2.2.4 招生办

从招生的角度介绍学校、专业及入学资格等信息，负责全球本科生、研究生招生相关工作。

2.2.5 爱尔兰语与爱尔兰文化中心

负责凯尔特语学习及爱尔兰民族特色文化活动的开展。

2.2.6 校园建筑与服务部

包括建筑设施的建设与配套服务、校园建筑日常管理与服务两大部分内容。建筑设施的建设与服务包括：校园发展的规划与设计，各种建筑设施与景观建设与维护，水、电、网络、通讯基础设施建设与维护。校园建筑日常管理与服务包括：各建筑内部自动信息服务、电脑终端服务、邮递服务、教学设施维护、人员与财产安全服务、储存与搬运服务、在校园开展活动的批准与协调服务，共享教室、实验室及其他空间的预定与服务等。

校园建筑与服务部主要的战略目标：致力于校园的发展和主要基础设施建设；对大学的设施与相关资源进行整合提高利用率，对现有设施进行升级使之达到国际先进水平；为研究生和海外学生增加住宿娱乐的公共设施建设；将校园建设得更加美观、舒适和实用，让师生和来宾满意。

内外驱动力：来自大学国际化的排名；国际化的比较以及国际生的评价。

提升积极性的有效措施及承担的相关项目：根据校园总体规划设计校园，展示当代大学新形象；实施学校道路维修项目；按照国际标准对学院及机构的重新安置、装修与搬迁项目；建立新的设施管辖区，将科学研究相关的各部分集中在统一的管辖范围；对学生运动、健身相关的设施进行全面的升级，使之达到国际一流水平；为国际生配备并升级住宿、娱乐、宗教活动等相关设施；应对伴随招生数量的增加学生，住宅量需求大幅度提高，建设或改造学生住宅；对历史性建筑重新装修使之再现艺术魅力；对校园水电设施的维护与管理、垃圾处理等相关项目的实施；改善停车场条件与完善收费系统，以便于上下班车辆管理。

尚在持续的工作：学生宿舍楼建设；法学院以及科研新大楼建设；人文学科用房的扩建；学生表演设施建设、大学档案的整理汇集；针对国际生文化设施的要求，投入的设施建设；对校园整体布局进行调整便于进出。

主要的内外部困难和阻力：大学的基础设施建设与当地市政管理部门的规划有密切的关系，需要沟通协调；最主要的困难是资金缺乏；通常校园基础建设由国家投入，由于国家财政的困难，没有可持续地对大学新的设施给予资助。

1960 年以前，都柏林大学的校园是分散在市中心，从 1960 年起确定在都柏林市中心东 5

千米的贝尔菲德方圆267多公顷的面积上集中建设主体校园，学校希望将新校区建成具有国际水准的校园，因此对国际上众多知名校园设计师进行招标，最终波兰校园设计师的设计中标，他的主体方案校园有一条主路，围绕主路布置建筑，当时设计的水塔现在已经成为都柏林大学的标志性的建筑文物。1968年建设的科学大楼是都柏林大学新校区建设的第一座大楼，这座大楼2012年开始进行了重新装修和扩建，以实现全面的现代化和信息化。到1970年校园开始陆续建设其他大楼和设施，陆续几个学科学院入驻新的校区。1998年前后随着国家经济的发展，学校决定置换各分散的校区土地，集中力量加快主校区建设，10年以前学校基础设施的投入是政府拨款、捐助、贷款各占1/3。

随着建设规模的扩大，学校发现原来的设计缺乏现代美感，2006年学校决定以都柏林大学现有校园为素材，举办一次国际校园设计大赛，全球各设计大师在学校展示其作品供师生鉴赏，经大众投票从数百种作品中选出10项作品，经专家点评，评委会选出前五名并颁发奖金和奖牌。这次活动对全校师生和管理层的触动很大，最终获得第一名的是一名德国设计师，他根据学校地形地貌和周边的环境，设计了两个圆形湖面，便于天鹅和野鸭以及海鸟常来栖息，给校园以灵性，围绕两大湖面布局大学设施。实际的建设是集合了设计大赛前五名的优点，根据实际的情况校方与各设计师协商支付适量的设计费用。校园目前的建筑一半以上是近10年投入10多亿欧元的资金建设起来的，其经费来源是：政府支持占40%、科研经费投入占40%、捐助占20%。科研基础设施的经费投入来自爱尔兰科学基金（SFI）和三级机构研究项目（PRTLI），PRTLI项目总经费25亿欧元，40%来自美国私人捐助，60%来自政府。如果你现在在校园漫步，你会领略到湖面、草坪、古树和树墙、错落有致的建筑、室内外雕塑群以及不同季节盛开的五颜六色的鲜花给你带来的源自于艺术家的设计美感。

2.2.7 总务长办公室

这个部门负责大学财政的开源节流，负责都柏林大学所有与财务相关政策制订、实施、解释、保存；负责财务策划与财务资源利用；负责月、年财务报表的制作；负责各类报销，现金、支票和收据业务处理；负责税收；负责薪金制订与发放；实施大学经济成本核算系统，建立对教学、科研、管理等各种活动的成本模型，提高成本意识，使经费得到更好的利用；负责学校整体金融工作，例如，对学校财务管理各周期运行进行研究，对复杂的成本核算系统提供建议，对增值税与各账户运行情况进行研究并问责，审阅财务注册相关文件，每月为科研人员提供经费使用情况报告并提出建议，为科研人员提供财务查询与咨询服务，协助研究人员制订成本报表，使科研人员为科研合同的财务管理负责。有专门的会计师事务所与审计所协助上述工作。

经费是大学发展的重要因素，2004年都柏林大学进行学院结构优化与重组，将原来11个学院整合为七大学院，建立大型设备实验室等各种公共平台，减少重复购置与资源浪费。学科结构重组过程需要大量的经费支持，但来自政府的财力是有限的，当时的社会捐助和学生学费以及饭店、商店等商业性收入也不高，所以大学决定引进商业化的高端管理人才来经营好学校的财务，同时着手制订4～5年的财务发展战略规划。

战略目标：设计并寻找支持大学财政可持续的一系列资源与措施；增加对财务支出情况的

掌控，及时将信息反馈给各系、学院及相关的支持单位，以获得更大的信任和支持。

困难与障碍：2005 年政府开始实施紧缩的财政供给，大学缺乏可灵活运用的财力资源，缺乏鼓励增加大学财力相关的奖励/薪酬体系，财力紧缺已成为制约大学今后发展的重要瓶颈。

关键性驱动：由于国家的经济萧条政府开始了对大学财政消减，但与此同时，国家要求高等教育的质量向最高水平迈进，这就给学校的财务提出更高的要求。大学财务部门拥有主动维护财务平衡的义务，每年制订财务规划，提交给大学财务管理委员会，及时分析问题，确保财务的可持续发展。

发展措施：基于上述情况都柏林大学决定实施积极主动的财务战略，对出入学校的显性和隐性的财力资源进行充分的梳理，并制订相应对策。一是制订鼓励政策，鼓励管理部门及科研人员争取更多的项目建设资金或科研资金，给予经济奖励；二是成立专门的机构加强与政府和国家教育投资委员会及有关国际组织的沟通，尽力争取本国政府、欧盟的项目支持；三是通过评估调整学费标准，在提高学生培养质量的前提下，对本国、欧盟国家和其他国际生源适度调整学费，尤其是研究生学费；四是对各单位大额采购进行集中公开招标；五是建立各种联盟与联合进行资源共享，减少不必要的财力投入，例如，大学间的计算机与信息联盟、大学间的教育培训联盟等；六是通过创新互联网信息系统，减少财务报销与管理系统人力投入；减少行政与后勤人员岗位人数，将超编人员安置在扩建的有人员需求的相关设施中(例如学生中心等)；通过数字化的信息及时对学院以及各单位经费的使用效率进行绩效评估；七是允许各种学生社团(俱乐部)在学生会的领导下独立经营，既锻炼了学生又减少了学校开支；八是积极宣传并通过多种形式凝聚在校学生与离校校友力量，增加社会与校友的资金捐助，新建或扩建基础设施；九是分析校园商店、餐厅、住宿等物业资源的特点，向社会开放游泳池、电影院、健身房等公共设施，节假日商业性开放宿舍、教室等相关设施，在校园网或校园适度安排与学生需求相关的商业广告等增加学校商业收入。

财务监管：关于各种经费的监管，都柏林大学的基本做法一是通过高效的网络自动化信息系统，以项目的形式通过合理规划的预算予以规范；二是学校财务总监在各学院和主要的部门设有由学校派出的财务监督，对日常的开支进行监管，这些财务监督员具有合法的会计资质，对重大事件负法律责任；三是国家审计局经常会不定期抽查审计。

成效：尽管 2007 年以来全球金融危机及随后的欧债危机的发生对爱尔兰经济产生很大的影响，每年政府对国立大学拨款持续递减，与此同时，学科建设与结构调整导致了 1 500 万欧元的财政赤字。但实施新的财政政策后，新建项目和国际科研收入对学校的发展起到越来越积极的促进作用，学校的社会捐助和商业收入持续改善，国际生的学费收入在持续增加，学校行政运行成本大幅度降低，资金的使用效率明显提高，学校依然高质量快速发展，2013 年历史遗留的所有赤字将被彻底消化。

待完善的工作：建立健康与可持续的学校财政发展模式，仍然是今后面临的挑战；学校层面的国际计划正在回顾和整理，但各系各学院在这方面的工作仍需要很好地研究和提升。

2.2.8 职业发展中心

该中心共由13人组成，其中有1名主任，1名副主任，4名来自合作单位商学院研究生院的职业发展顾问。针对学生未来如何成功就业问题，职业发展中心帮助学生有效转换思维方式，培训高质量写作、语言表达力，提升职业生涯发展的管理技能。鼓励学生参与各种社团、学生俱乐部和志愿者活动，提升学生语言和社交组织能力；提供实习机会，鼓励和促进学生将社会实践与专业相结合发展职业核心技能；负责学生就业指导、协调用人单位举办招聘会、对学生组织面试策略、求职申请与建议、职业生涯规划与决策、创业设计与开创自己的事业等职业训练；制作就业博客、视频资料，出版针对本科生、研究生的《职业焦点》杂志，每2个月出版一期，杂志内容包括心理测试、招聘报告、培训信息、企业与岗位信息、职业内幕、走出去等。

中心提供职业发展咨询顾问服务，学生可以单独预约寻求指导；为学生提供参与国内外募捐、老年人服务、社会调查、文艺、体育等各种社会实践的志愿者服务项目；提供博士后工作岗位、都柏林大学岗位人员招聘信息。提供大量来自各大学研究机构科研奖学金和助学金申请，例如前往诺丁汉大学进行新型飞机集成系统短期研究的居里夫人奖学金等。中心还不断更新毕业生就业情况，客观评估就业状况，并与教学质量进行对接，例如，2011年底统计结果显示，1%的毕业生没有找到合适专业的用人单位，8%正在寻找工作，43%就业，48%正在进一步接受技能培训。

2.2.9 商业办公室

负责学校所有教室、会议室、餐厅、宿舍与住宅、运动场地与设施等对外租赁服务；负责为学生、员工和游客办理门禁卡，因为校园对外开放但很多楼馆都需要门禁卡，另外，门禁卡可以存入现金在校园任何一处公用固定打印机或扫描仪拷贝文件，也可以去餐厅用餐或者到自动售货机上购买食品等；负责礼品店及网上商店业务；联系洽谈学校交响乐团、合唱团、剧社等艺术社团对外商业性演出活动；负责利用暑假组织来自全球中学生、大学生暑期活动的有偿食宿服务；管理校园所有商店、书店、便利店、邮局、银行等房屋租赁。该办公室每年为学校提供数千万欧元的商业收入。

2.2.10 法律事务办公室

负责提供有关大学的法律协议，提起诉讼，合同安排和法律法规事宜的监督、咨询和协调。

2.2.11 学校发展部

基金会工作、校友关系由学校发展部归口管理，该部门负责对20万多名校友发行一年一度的电子版和纸版校友专刊，可以在网上下载阅读或在学校官网上浏览，重点介绍学校发展、校友们工作业绩与成长过程，同时从校友的反馈中获得更多校友信息；一般利用节假日举办各种主题的校友活动，例如举办以新能源、健康为主题的科普性活动，举办公益文艺活动，同年出生校友等各类校友聚会聚餐等，通过丰富多彩的活动以增加校友与母校及校友间的情感与友谊。基金主要来自校友或通过校友的海内外捐助。

基金会是独立的法人单位，与校友会联合办公，大学生职业经理人也会参与相关工作。

战略目标：以国际化的理念、全球化的视角组织和实施基金工作与校友工作，其目标是致力于为学校的全面发展服务，加强与20万校友们的联系与互动。

内外驱动力：学校对大学生综合素质的提升有很高的期待；国际生数量的增加，需要多种项目支持；校园建设的可持续性并与国际标准接轨、交叉学科的建设、内涵式发展的大学排名都需要有力的资金支持。

积极性和实施的项目：

①开展问卷调查。由校友会组织，在校学生志愿者参与，旨在了解毕业校友目前在做些什么，对学校发展有什么建议，介绍学校的近况并希望校友回校深造，同时也会问及是否能为学校的发展做些什么，反馈的调查问卷要进行认真整理和分析。

②组织校友聚会。通过组织多种形式聚会，重温大学时代的校园生活，展示校友最生动难忘的回忆，例如，毕业10年、20年、50年纪念活动，通过门票或自发捐助积累校友基金。重点开展离校20年以上的校友返校省亲活动，校友们发自内心地支持母校发展，给学校捐助了大量的资金。

③出版纸质及电子版期刊。每年出版一期的校友会杂志，与爱尔兰时报协商，夹在一起进行免费发送，以宣传大学，也让广大校友了解学校的发展与变化；校友工作与各学院密切配合，每月对校友发送电子版期刊介绍各学院发展，扩大对校友的宣传，学院与工业界的密切联系给基金带来机会。

④校友基金电话募捐。2007年秋，都柏林大学发展部提出了269 000欧元的校友基金筹款运动，其目的是搭建在校生与校友之间的桥梁，利用校友捐赠设立多种奖学金，鼓励在校生成为卓越的人才。学校发布招募筹款志愿者的消息后，学生踊跃报名申请参与，发展部设计了40多项选拔志愿者内容和严格的面试程序，选拔主动热情的学生志愿者，并对其进行系统的培训。每名志愿者负责对200名在爱尔兰的都柏林大学校友进行电话募捐活动，首先为校友介绍主要的信息渠道，校友可以了解学校发展、校友通讯、聚会、通知以及参加学校活动等信息，然后告知所筹集的资金的用途与重要意义。2007年年底，校友基金募捐取得初步成效，从此校友基金募捐常态化，每年11—12月，在校大学生志愿者会与超过1万名校友电话联系进行募捐，平均每位校友向学校捐250欧元，所有捐助第二年2—3月告知捐助者捐款的用途并致谢，每年捐助的资金大概六分之一用于组织相关活动。

这项活动具有多方面的意义，一方面检验一下校友与学校沟通的有效性，促进了校友之间的联系，许多校友自发组织起来回母校举办各种纪念和庆典活动；另一方面在校生增加了与人沟通的经历，建立了与校友的联系，在校生有机会分享校友们在学校时的大学经历，对大学生是很好的鼓励和启示。一位工程专业的大学生志愿者说，这是我参加的最有意义的活动，我认识到努力学习成才后可以很好地服务于国家和社会，赚到钱可以资助需要帮助的人，使金钱变得更有意义。

⑤专题性募捐。由学校橄榄球俱乐部设立的橄榄球基金，该基金是曾效力于都柏林大学橄榄球俱乐部，旅居澳大利亚的校友约翰加德纳 1984 年捐资设立，他曾经是校橄榄球队的队长，随后该俱乐部每年都举办橄榄球晚宴，邀请以往队员返校省亲，持续滚动捐助，该基金用于奖励由球队负责人提名的橄榄球精英队员，或用于训练或比赛的差旅费用。

⑥拓展海外校友捐助。2011 年美国校友乔治·摩尔捐助 3.5 亿欧元建设都柏林大学科研中心。

⑦校友服务工作。各地校友通过注册成为学校校友会会员，每年支付 30 欧元的会员费，海外会员免费注册。会员可以免费在线访问学校图书馆电子资料，使校友们可以便捷地分享网上信息，并获赠一本校友期刊。同时可以注册贵宾(VIP)卡，支付一定费用就可以在使用学校运动中心、成人教育等教育资源时享受 10%优惠。校友可以在该部门注册各种公益协会与俱乐部，以便开展活动，公益性的活动一般与基金会工作结合起来。

根据爱尔兰政府的相关政策，大学每获得 250 欧元的教育捐助，政府配套 50 欧元。基金会努力实现捐助项目的资金留本，将本金进行投资理财。基金会实施的项目主要用于支持科学研究、商业、大学生素质拓展系列项目、法律建设、大学能源消耗和纽曼奖学金等。

主要成效：近 5 年捐助用于科研的资金达到 2 500 万欧元；用于法律相关项目建设达1 200 万欧元；设立专项资金资助那些学业优秀但由于经济困难无力承担学费的新生，使他们有平等的上大学的权利；从校友基金中划拨 6 250 欧元设立资助艺术特长生奖学金。

2007 年以来已有超过 16 000 名校友参加捐助活动，校友基金管理委员会已经投入 1 万欧元建设校园绿荫小路，为法律图书馆资助 5 000 欧元购买学生必备图书；出资 6 000 欧元奖励杰出的管弦乐团成员；出资 6 000 欧元资助学生志愿者参与社区公益活动；出资 8 000 欧元资助学生的健康项目(这是一项学生自己组织实施的项目，为期 5 周，主要开展多种体育活动，倡导健康生活方式)；出资 1 500 欧元奖励学生发表都柏林大学发展历史的回顾性文章；资助学生报刊出版、医疗暑期选修课、新生奖学金等多个项目。

主要内外部困难：资源有限，需要补充有经验和有能力的员工。

2.2.12 缴费与捐赠部

一是负责学生缴纳学费的相关管理。一般本科生学年按选修 60 学分的模块缴纳学费，每个模块 230 欧元，多修多缴，少修少缴，每年都会有浮动，不同专业有差异，考试不通过需缴纳 208 欧元补考费方可安排再次考试，非欧盟本科生源每年学费 2 万欧元左右，不同专业收费不同，研究生为 1.6 万欧元左右，欧盟生源学费要减少 1/2 或 2/3。二是负责各类奖学金申请(欧盟学生根据以往学习成绩等相关资格可以网上申请学生奖学金)、第三方支付(父母或银行贷款赞助人)、发布收费标准以及其他相关缴费管理制度，例如，建设学生中心每位学生年度捐助的缴费。缴费一般通过网上系统实现自动缴费和查询，学费减免、税收减免、国际生签证、毕业生论文提交等与缴费有关的信息网上予以发布。

2.2.13 人力资源部

该部门主要为员工提供服务，制订人力资源经费预算、发展战略与政策，负责人力资源信息系统建设，包括网络安全、岗位职责与薪酬等所有人力资源信息建设；参照欧盟关于高等院校用人标准，负责长期与临时薪酬标准的制订；负责教学、科研及管理员工聘任资格评定与协议等。

每年举办一次“就业桥”培训，即根据用人情况从社会招聘实习生进行实习培训。申请人首先通过网上报名后各用人单位进行面试，面试通过后进入各用人单位进行实习，有专门的导师指导，上岗前每人有一天半专门的培训模块，共6～9个月实习期，每周50欧元补贴，实习期满进行评估考核，通过后方可录用。

该部门还负责员工业绩考核与薪酬增减规定的确定与实施，鼓励各类员工在条件许可的情况下参加学校组织的技能培训，以提高工作水平。该部门同时负责兼职管理人员与退休人员补贴福利及其他相关事宜。

大学最重要的人力资源是拥有国际一流的生源和一流的员工。一流科研人员的引进是人力资源部很重要的工作，都柏林大学通过对国际高水平人力资源市场的调研发现，引进一流科研人员（不包括工资），平均每人每年成本在50万欧元以上，主要包括科研环境、实验室条件、仪器以及辅助人员的支出等，因此，如果与美国高水平大学竞争一流人才，可能需要考虑更优惠的个人待遇，或者选择相对年轻有发展潜力的科研人员。这是都柏林大学许多基础学科和重点领域在国际上处于领先地位的根本所在。

科研人员为学生授课，可以满足聪明学生对前沿知识的兴趣，这需要良好的学术氛围与具有前瞻性的人力资源业绩评估政策做引导。

2.2.14 国际部

负责都柏林大学全球招生、远程国际教学、国际科研合作及各种国际事务。负责介绍国际生入境手续、入学，协助解决学习过程中的问题以及就业等事宜的办理；介绍60多个3～4年本科生专业的情况，校园生活与奖学金、奖项申请；介绍1～2年硕士、3～4年博士研究生专业的情况，奖学金申请情况等；负责21所全球大学联盟事宜。

国际部在为国际生服务过程中设有学生支援部，负责学生咨询、学术支持和健康保险。注册学生在校园享有免费的咨询和精神科护理，进一步治疗需到医疗机构。持有欧盟国民的欧洲健康保险卡（EHIC）的学生有权享受爱尔兰的公共医疗服务。非欧盟国民根据国家移民局（GNIB）的规定，必须获得爱尔兰私人医疗保险，或在自己国内购买医疗保险并确保在爱尔兰是有效的。

国际部的学生支援工作由13个职员长期从事学生心理咨询顾问，国际生可以就个人、社会或其他实际问题咨询具有专业资格的心理学家和辅导员，以防因个人问题影响自身的快乐与安康，提高学生对各种情况的应对能力。根据预约的内容，国际部也可以安排聘任的高年级学生顾问进行免费课程辅导或参加有关活动等。

对于经济困难的国际学生，需出具详实证明，按一定程序都柏林大学可以安排财政上的帮助。

本着尊重信仰自由的原则，大学国际部为学生提供宗教顾问服务，并设有沉思区。为穆斯林学生设有专用祈祷室。都柏林大学、圣三一大学等4所大学联合成立由学生志愿者组成的夜间电话与信息服务 Niteline 网站，主叫方可以谈论任何问题，进行心理疏导和帮助。都柏林大学学生会首先发起建立的“请商谈”网站，这是一个预防学生自杀措施，现在在爱尔兰全国各地的27所高校都建立了该组织。“请商谈”的目的是确保为有需要的学生提供援助和照顾。

都柏林大学国际部建立了学生尊严和尊重政策，确定在校国际生学习、工作和研究中享有个人尊严和尊重，确保研究或工作的环境无任何形式的骚扰、恐吓或欺负的环境。如果您遇到任何问题，任何形式的骚扰，可以向国际学生顾问交谈或报警。

国际生网上注册后会有学生顾问自动与其对接，以帮助国际生及时获得帮助。

都柏林大学学生会也设有国际学生协调员，帮助国际学生提供福利服务和住宿信息等。

都柏林大学职业发展中心为即将毕业的国际学生提供高质量的就业信息、一系列的就业咨询和职业规划服务，提供面试技巧、简历陈述指导等。

校园还有警方治安与托儿所等部门为国际生提供相关服务。

国际部还负责与国际上400多所大学建立交换生合作交流制度，为都柏林大学学生假期的出国实践、了解不同国家文化、丰富学生经历和提高语言能力发挥了重要作用。

2.2.15 都柏林大学互联网信息技术(IT)服务部

伴随网络信息技术的快速发展，互联网信息技术在高水平大学建设中发挥着越来越重要的作用。

战略目标：都柏林大学发展战略中明确地将信息技术（information technology，IT）置于优先于教学科研的发展地位，通过可持续发展 IT 基础设施与性能升级，不断提升电子数据资料管理能力，保障教学过程中教室网络与学生各种学习过程中的 IT 技术与空间支持；确保学校及科研人员在科研工作，包括 IT 研究在内的各种学术研究的储存与运算；满足模块化教学、本科生与研究生的注册、培养体系与住宿管理、图书信息、学生转账购物、学校财务运行、国际化的异地科研、会议与办公以及各类行政管理及学术事务的网站与无线网络技术支持，可持续丰富网络内涵，满足学校、学生和员工的网络需求。

都柏林大学 IT 技术部每年都发布年度回顾，并根据发展的需要制订发展战略规划，全方位提升用户信息获得量和满意度。通过信息中心的监管和用户满意度反馈等措施让用户的网络便于管理，确保高速运行。在 IT 发展战略中涵盖战略目标、战略设计、发展瓶颈和阻力分析，实施措施以及如何应对等内容。

战略实施：为有效应对大学间的竞争，应对 IT 技术供应商不断丰富的网站服务、储存、计算服务等各类新的重要技术创新与服务，并转化为自身发展驱动力，大学设立 IT 技术委员会，审议发展战略规划、实施政策制订与质量监管，收集整理用户使用与维护的需求信息，促进 IT 技术健康快速发展。同时设立网站与门户网站督导组对网站使用进行监管；设立 IT 研究指导小组对互联网技术发展与应用进行研究；设立 IT 行政系统运行督导组，监管并确保 IT 系统在行政管理方面的正常运行；设立教学与学习的 IT 督导组，监管并确保 IT 在教师教学与学生学习过程的正常运行；设立信息安全咨询指导小组负责信息安全事宜。每个学院还任命一位 IT 资讯科技委员会成员，这个委员会的主席由学校 IT 服务部主任担任。

设立图书馆与信息技术委员会，由总务长、科研部副主任、产业开发部副主任、普通员工、图书管理员、IT 首席执行官、教务处长和学院院长或副院长等各层面共 11 名成员组成，每年召开 3～4 次例会，监督图书馆和 IT 服务的发展战略和方向，确保以信息和知识管理为基础的图书馆与 IT 服务功能有效运行，确保其功能与大学的总体目标与战略计划相一致，在大学层面监管和批准这些单位的年度经营计划与政策，确保为 IT 服务和图书馆拥有充足的人力与财政资源，解决大学的学术和行政职能的需求。

发展驱动：来自大学内部的驱动首先是大学教育战略与大学的科研战略要求互联网信息技术服务水平超越实际需求标准；科研人员也对 IT 技术服务不断提出新的更高的要求；模块化教学、各类研讨会、远程教学与学术会议等要求大学的 IT 服务能够保障到位，伴随博士研究生规模的扩大、校园新建与学生宿舍扩建、商业零售、教学与科研设施都产生新的更大的网络需求。

面临外部商业化信息技术的快速发展带来的巨大挑战，大学信息技术部门要使都柏林大学不失去竞争力，仅靠大学资源和财力是无法满足学校教学科研用户的对信息技术的需求，必须寻找战略合作伙伴，及时与信息系统硬件供应商和软件公司进行合作，不断拓展外部信息技术的授权并跟踪新技术与学校需求的整合，确保信息服务的水准超过用户的实际需求标准。都柏林大学与谷歌、亚马孙公司等知名 IT 公司在大型计算机运算的相关研究建立合作，共享数据处理器等基础设施，通过长期协议定期租用，对校园电子网络进行持续的升级和扩容，减少了设备升级、购置、维护，软件购置、运行和培训相关费用，都柏林大学的学生和员工通过 Gmail 引擎平台完成教学、科研信息资源交流互动、分享社会媒体平台信息、邮件、日历等相关办公平台，同时与合作方的协议在法律层面严格规范对都柏林大学数据的保密，学校的信息中心对学校的数据设有独立的密码系统。这种战略合作每年仅在财政上至少要节约 25 万欧元的开支。

在科研服务方面，通过持续调研大学科研用户的需求，与爱尔兰高性能信息计算中心合作，为科研提供高性能计算（HPC）、电子工具与资源支持，拓展互联网技术服务能力，增容各终端用户的储存能力，并进行数据寿命周期管理；都柏林大学与爱尔兰国家教育与科技信息中心合作共建科研信息中心，共建国家计算与数据资源，增加了二维码潜力服务资源，极大地增加了可获取的电子数据、电子出版物等资源；和大学联盟进行长期的协议性合作，共享相关教学与科研资源，所有这些都有效地提升了大学的 IT 服务储存与加工能力，使大学的学生和员工用户获得更多的电子资源、电子通道和电子储存。

服务与管理：互联网信息技术服务部首席执行官下设三个部门，一个部门负责用户及终端技术支持与服务，另一部门负责网站、媒体、IT技术研究、教学方面的IT需求等，第三个部门负责行政信息、商业应用的IT需求。

IT服务部还设立互联网技术研究吧，设有为大学的研究人员服务的计算集群，这是一种高性能辉腾计算集群，建立在IBM/Intel的硬件与44个计算节点基础上，每个节点高达128GB的内存和16个CPU核心。在这个硬件平台，都柏林大学注册用户和社区免费共享所有计算服务，这是一项创新性贡献。

IT服务部创建了将互联网技术与科研结合的“云服务”，是客户通过电子邮件联系“云服务”中心，告知他们的需求，使IT服务提供满足他们有竞争力的解决方案，例如，基因组学，蛋白质组学，成像和流式细胞仪等成像手段与“云技术”相结合，由训练有素的研究人员或数字病理实验室专业研究人员，通过线扫描技术获得载玻片高画质解析度扫描的数字化信息，可以对组织学或免疫组化进行染色扫描和分析，进行组织芯片（TMA）和细胞沉淀阵列的相关研究，Aperio ScanScope的XT硬件有能力在最大放大倍率为40X同步扫描120张幻灯片，并进行有效的云储存与应用，处理和分析图像，为从事专业数字化病理学技术研究提供高效便捷的信息化手段。

IT媒体服务团队在专业知识的网络传播、远程教育数字化教学设计、互动式和反射式的网上学习、艺术摄影与多媒体和视频制作等方面提供各种教育技术和媒体课程。

IT服务部还通过网络信息技术为行政部门提供技术支持，2005年起都柏林大学IT中心协助财务部门将电子商务平台引入日常财务管理，将财务管理与学校的注册管理系统融为一体，大大减少了财务人员的数量，例如，科研系统的财务处理，首先申报的课题有单独的账户，报销人员首先网上填报报销科目，课题负责人或其代理人负责网上审核后打印签字，通过校内邮寄将单据寄往财务处，财务处接到上述材料即可报销，并将报销款打入指定账户。

承担的项目：

（1）核心基础设施项目　在教室安装信息通信技术设施、设计施工新容量的数据中心扩容储存、设计扩容校园网。

（2）教与学IT项目　与建筑服务公司合作在教室安装信息通信技术支持系统；丰富网站电子教学课件服务学生；为学生使用手机、移动电脑提供无线电子资料与软件服务；扩展新的学习虚拟社区与大学社区电子空间，并提供全方位技术支持。

（3）IT研究项目　为科研扩容数据中心主机储存能力。继续升级网络容量，使之与爱尔兰国家教育研究网性能相匹配；对全地址数据资料进行周期性地管理与服务；与爱尔兰高性能计算中心协作提供高性能计算资源；为科研人员及数据资料使用人员提供培训服务。

（4）IT行政管理项目　为网络用户（例如教学电子课件制作人员）关键环节提供服务；为管理信息或学术报告设定地址栏；为员工提供综合的高效办公软件工具；为用户优化设计信息系统网站；确保信息交叉系统集成。

（5）网络入口项目　确保都柏林大学网页便于搜索，易于管理；为学生和员工提供无线移动网络通道入口服务；安装单点登录，改善链接界面，提高网站性能；提供更加高级的网站2.0技术，进一步优化网站的结构。

关系管理与用户服务战略:建立并完善用户关系管理模型,核查所有现存支持服务,建立性能监管和用户满意度测评,提供用户培训与咨询服务。

成效:到 2013 年底上述所有项目将予以完成。

发展障碍:主要来自工作实施过程中人员的变动,以及当前因为经济危机导致的资金不足。

2.2.16 图书馆系统(文库系统)

都柏林大学图书馆包括学校主图书馆——詹姆斯·乔伊斯图书馆、健康研究中心的健康科学图书馆、农学与兽医食品学院的兽医医药图书馆、丰裕图书馆、商学院研究生院的黑石图书馆等 5 大图书馆。

图书馆服务的主要特点是数据库和电子期刊的数字图书馆建设。都柏林大学有综合性的图书馆,有的学院也有自己的专业图书馆。图书馆积极拓展各类数字化资源,图书馆成为学生完成主动“深学习”需求的重要资源,学生可以通过电子问卷或邮件或者不记名的形式反映他们的诉求,图书馆十分重视来自学生的意见,及时归纳整理,帮助学生完成学业,满足学生课堂外的有效学习,这是一个十分有用的培养系统,它已远远超越了藏书借阅的基本功能。

2.2.17 校长办公室

校长办公室负责学校战略规划制订、发布重要公告、通过大学管理团队对全校日常行政工作进行协调与管理。校长办公室另一重要职能是设立并颁布大学奖。

大学奖——教学奖

根据都柏林大学的教育战略,从社会赠款中划拨经费设立针对教师的校长教学奖,这个享有盛誉的奖项旨在表彰在教学方面做出杰出成绩的模范教师,包括通过课程设计、程序开发,富有成效地完成好特定的教学任务,在教学与课程辅导方面展现特有的能力。获奖者将获得 5 000 欧元奖励。每学年表彰 5~10 人。定期自主申报,评委会评选。

大学奖——优秀学生活动奖

每年由都柏林大学的教职员和学生提名学生候选人。鼓励学生组织开展有趣的、令人兴奋的、充满活力、人性化的并被学生们认可的学习和工作方式方法,或者是丰富学生业余生活的课外活动,例如,在学生社团工作或者志愿服务活动中做出重大贡献,在学生中具有卓越的领导力,在演讲、辩论、体育、音乐与表演活动中有突出贡献等。每学年表彰 15 人,评委会评选。

大学奖——研究奖

校长的研究奖旨在支持研究人员的科研工作和专业发展,支持实质性的研究项目,目的是提高都柏林大学的国际声誉,申报人需有同行专家评审意见,要有在国际上有重要影响力的出版物、文章、专利或其他显著的研究成果。每学年表彰 5 人,由评委会评选。

大学奖——基金会白日勋章

基金会白日勋章是表彰在专业领域中做出了杰出贡献的都柏林大学毕业生校友，由基金会提名，基金会股东评选出1人，颁奖活动在每年11月国庆晚宴举行，授予金牌勋章以纪念1854年大学的创办。

大学奖——尤利西斯奖章

都柏林大学"尤利西斯"是最高的荣誉勋章，这是颁发给做出了全球性杰出贡献的都柏林大学员工或校友个人。每年由校友会或知名人士提名，评委会评选出1～5人。

其他奖项

高校教学奖：由各学院设立的奖励优秀教师的奖项。

教师奖：由教务处设立，旨在鼓励教师在教学方面的创新研究与实践。

支持学生学习奖：由学校设立，旨在鼓励教辅或员工通过创新多种形式，积极创造有效的学习环境，支持学生学习，或改进现有服务。做出优异成绩的教辅员工、所有教育发展的工作人员、图书馆工作人员、学生顾问、学校后勤管理人员、工程师或其他技术人员都可以自由申请。团体奖金为2 000欧元，个人奖1 000欧元。

国家数字学习知识库奖：该奖项由国家和学校分别设立，旨在推动开发和共享的数字化学习资源和相关的教学实践，例如，完善电子化教程、建立数字化教学集合、建立媒体实验室、创建视频播客等。团体获奖5 000欧元奖金，个人获奖2 500欧元奖金。

2.2.18 大学行政管理团队

大学管理团队的成员组成：校长为管理团队主席，负责注册管理的常务副校长为副主席（图1）。其他成员有：战略规划部主任、分管总务/财务副校长、分管科研副校长、分管人事副校长、分管发展（基金会、校友会）副校长、分管创新副校长、分管学生副校长、教学和学习注册部主任（教务长）、研究生注册部主任（研究生院院长）、各学院院长、各研究机构主任或校长提名教授等。

都柏林（国立）大学管理局，是依据1908年都柏林大学《宪章》和1997年修改的《国家大学法》而设立的管理机构，即大学董事会。本届大学管理局任期从2009年2月1日至2014年1月31日，由40名成员组成。管理局的主要职责是指导大学发展的战略方向，特别强调政策监督和对高层管理人员的监管，与校长共同努力，实现都柏林大学的战略目标。

大学管理局每年会发布大学发展年度报告，年度报告是基于由学术委员会汇总的对各季度各单位各部门的质量提升与保障、岗位资格与职责、财务审核等状况进行的不间断评估和年度总结而做出的。目的是通过人性化、高质量的大学培养项目，丰富学生经历，提升大学的学术水平、教师的教学水平和学生的学习能力。

大学管理局常设两个永久性的委员会：审计与风险管理委员会、财务薪酬和资产管理委员会。

大学管理局的其他主要职能，包括任命校长及大学的所有土地及物业的控制和管理。

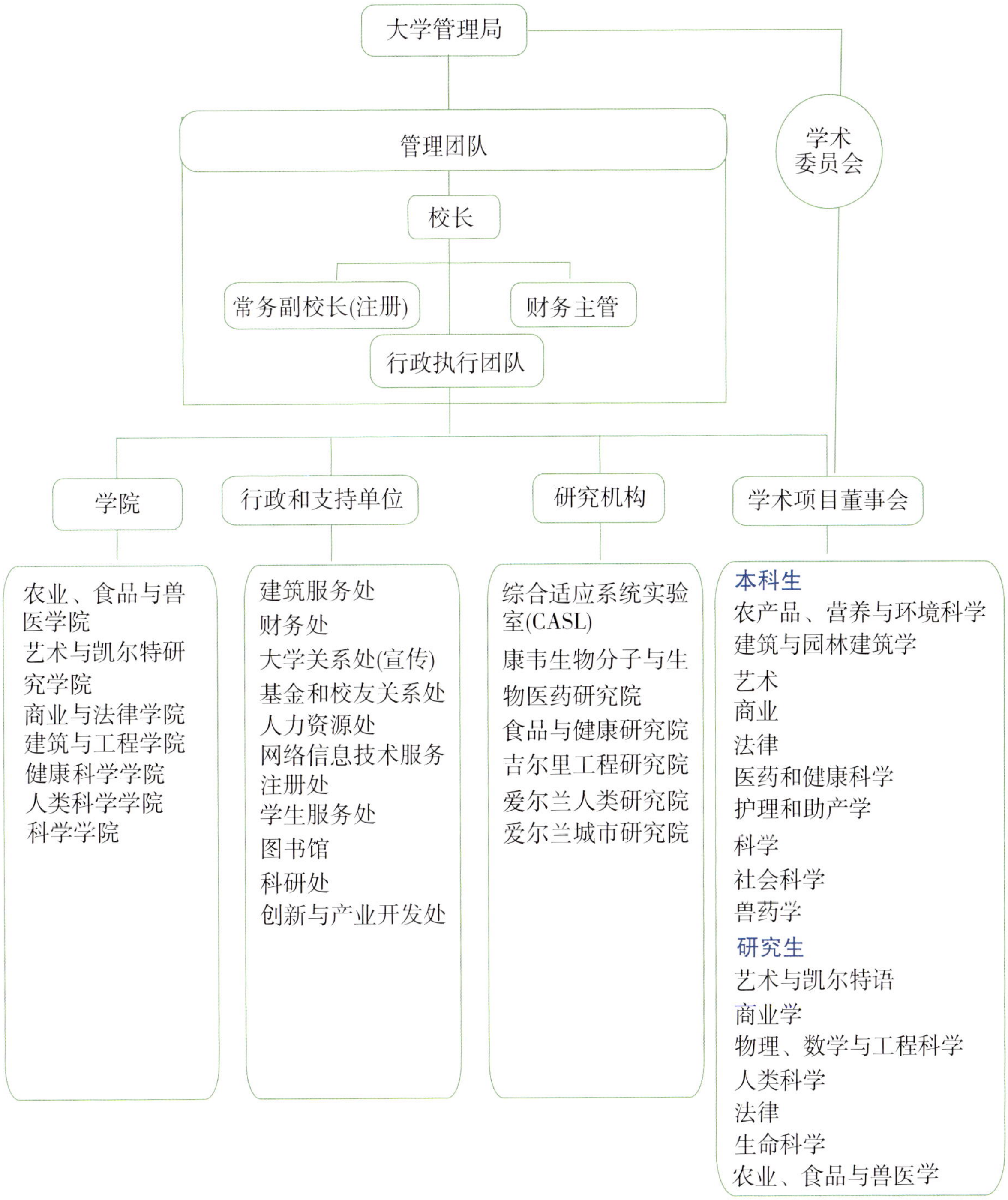

图 1　都柏林大学管理局组成

2.2.19　大学学术委员会

学术委员会的职责是在服从于大学管理局做出的财务决议框架的基础上，接受大学管理局的指导与监管，遵循传统的学术自由的原则，负责管理大学一切学术事务，包括课程设计与指导、提供高质量的教学资源等，其职责还包括研究确定学术发展的重大战略问题，确保学术发展的质量与效益；制订鼓励高水平的科学研究的政策并予以奖励，促进教师教学和学生学习实现最高标准；批准和审查学术法规和政策；通过所属大学质量办公室对教育产出进行质量监督和评估：

(1)承担学术发展管理职责，依据都柏林大学整体发展战略目标，制订大学的学术发展规划，考虑如何充分利用校内外一切资源，对面临的教育、科研、创新、国际化、学生经验、学术基础设施、学术质量等相关学术领域的发展问题做出决定或提出建议。

(2)审议、监督各院系、研究机构等相关部门学术计划的细化制订和年度规划落实情况，依据学校学术战略计划对各单位发展的积极性与主动性进行评估并提出建议，包括争取外部资助的举措，有效提升战略目标的具体步骤等。对分管学术的副校长、各院长、系主任、研究所负责人的工作进行督促和监管。

(3)监督和推动大学行政管理团队从行政的层面督促学术规划目标的阶段性实施。

(4)负责与大学管理团队的财务部门就学术规划的发展进程与积极性进行评估，相关并采取措施保持学术部门与财务部门的有效沟通和联络，确保财政拨款按规划要求予以执行。

(5)按规划要求定期向大学管理团队汇报学术年度进展报告。

(6)向大学管理局建议设立促进学术发展与质量管理的相关章程，建议相关学术机构职务的任命。履行大学法、大学管理局指定的章程与规定。

(7)管理并规范本科生及研究生招生、学籍管理、学科与课程设计、教学管理与质量评估、考试与答辩、奖励与奖学金、处罚等。

(8)学术委员会可以决定其落实相关工作的会议时间与工作程序，决定委员成员之间的工作关系，并报请大学管理局备案；学术委员会每学期必须召开工作例会，或者根据校长的安排召开相关工作会议。

大学学术管理委员会成员组成：校长为管理团队副主席，负责注册管理的常务副校长为主席。其他成员有：战略规划部主任、分管总务/财务副校长、分管科研的副校长、分管创新副校长、分管学生副校长、教学和学习注册部主任(教务长)、研究生注册部主任(研究生院院长)、各学院院长、各系主任、各研究机构主任或校长提名大学管理局批准的适当数量的教授、副教授、高级讲师代表或指派人员、北京都柏林国际学院教务长(学术总监)等。学术管理委员会秘书处设在注册管理部负责日常工作。

学术委员会的相关条例包括，委员成员组成条例、评估上诉程序、学术委员会与辖下委员会会议、博士生培养、学位服管理等。

学术委员会的小组委员会包括：执行委员会、大学本科课程委员会、研究生课程董事会、大学教育战略委员会、大学研究战略委员会、考试委员会、评估上诉委员会、质量委员会、纪律委员会、奖项与名誉学位委员会、国际化委员会、学术中心委员会、校园生活委员会、学生社团委员会、学术法规委员会、继续教育委员会、计划委员会、持续专业发展委员会等。各下辖委员会主任由校长任命，其职权范围由学校学术委员会制订。

各种学术委员会可以有效化解大量的行政工作量，但要发挥好学术委员会的作用关键在于建立有效的制度保障，杜绝委员会成员因个人或局部利益拉帮结派，而这正是纪律委员会成立的意义所在。

2.2.20 都柏林大学质量办公室

都柏林大学质量办公室是在分管教学的常务副校长和注册部(教务处)的职责内的关于学术质量的管理单元,根据 1997 年《大学法》和 2012 年修订的《大学法》关于大学资质和质量保证的规定,爱尔兰的大学需要建立严格的政策规定和质量审查程序,目的是确保大学质量满足其法定的义务,并与欧洲高等教育质量保证标准相适应。对质量审查过程中的工作人员要求、审查环节与程序、学生回馈等质量保证和良好实践都有严格的规范,以此构建促进大学可持续发展的质量提升制度。

都柏林大学质量审查流程图如 2 所示。爱尔兰高等教育质量管理结构图如图 3 所示。

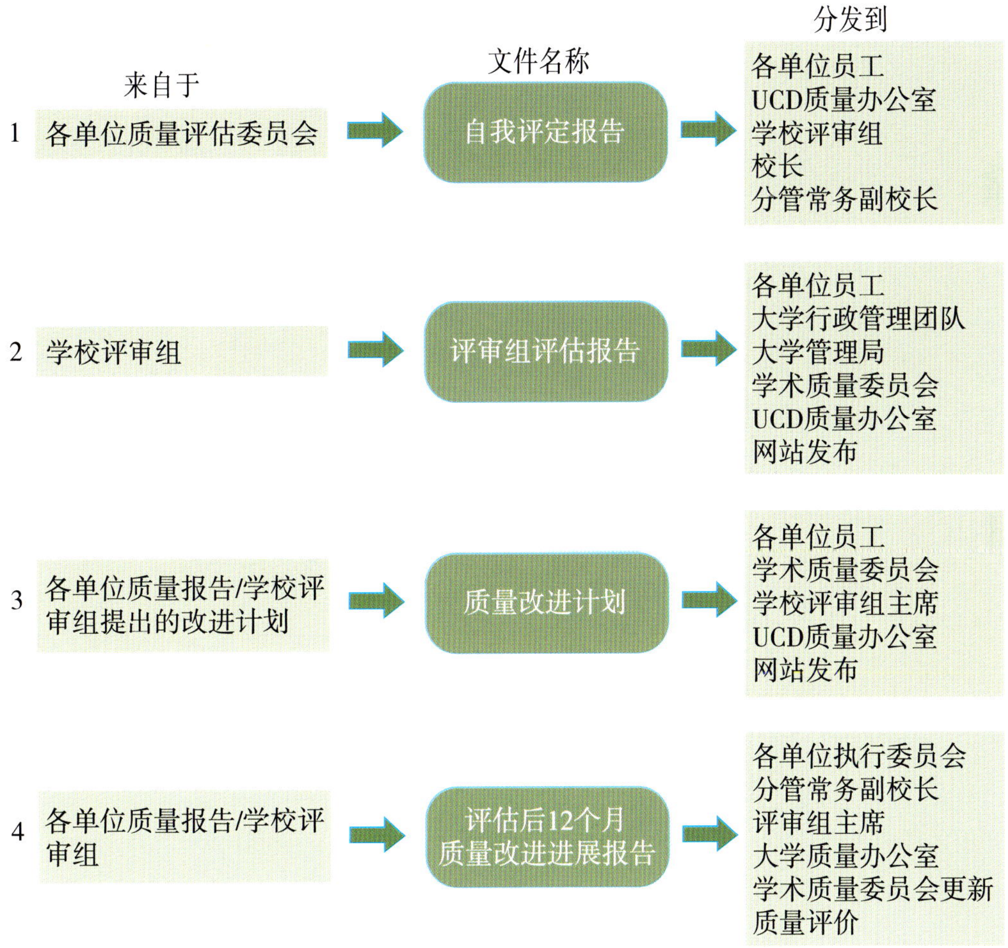

图 2 都柏林大学质量审查流程图

该办公室主要负责促进大学在教学和科研方面不断进行制度完善和文化开发,通过质量审查以维护学术的可持续发展。

该办公室主任担任爱尔兰大学学会质量评估办公室主任,该办公室的其他工作还包括出席爱尔兰大学学会质量评估有关会议和发布大学质量改进指导意见。

该办公室主任同时还兼任爱尔兰高等教育质量监管工作组主席，负责组织对大学质量进行评估与监管，促进国内与国际高水平大学质量保障条款、规定等方面的经验交流与合作等相关事宜。

该办公室主任同时是爱尔兰大学质量管理董事会成员，负责每年3月发布爱尔兰大学质量监管报告、改进意见、介绍好的经验并进行奖励等事宜。

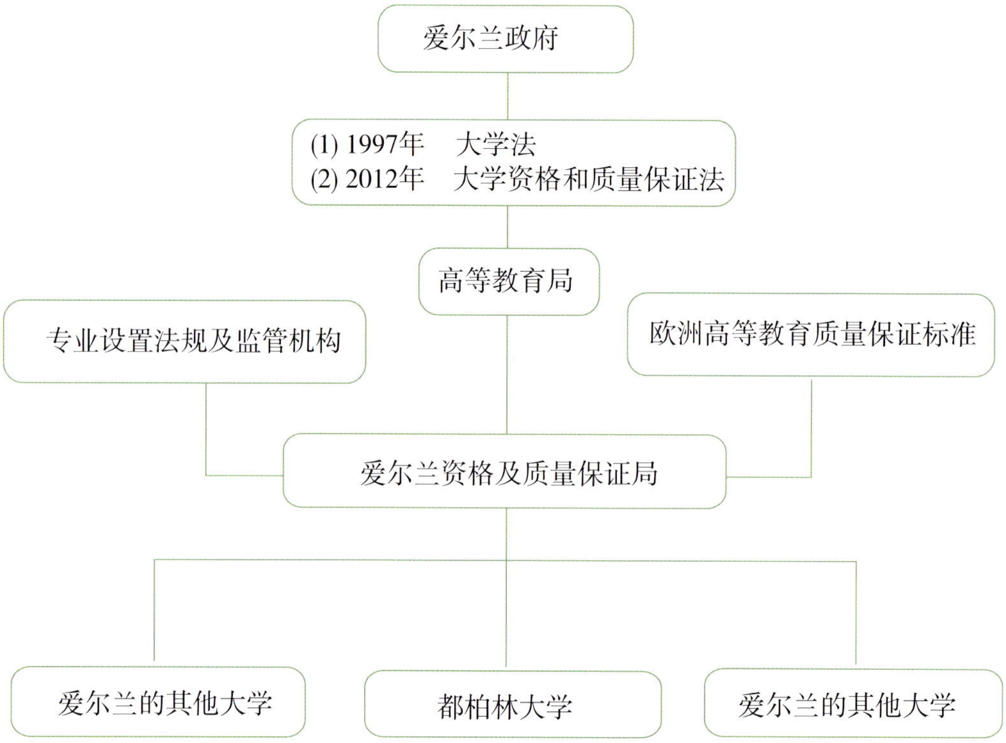

图3　爱尔兰高等教育质量管理结构图

2.2.21　都柏林大学采购部

都柏林大学采购部成立于2000年2月，学校为该部门制订了周密规范的运行法规，根据各学院各系预算进行集体统一采购，确保大学的集体采购既保证质量又经济实惠。

2.2.22　都柏林大学档案与信息管理部

依据《大学信息自由法》(FOI)，1997年和2003年的《数据保护法案》，1988年和2003年的《版权及相关权利法》，档案与信息统一管理部负责大学的文件记录管理，包括制订大学相关标准和档案管理，并依据法规协助或提供信息查询、人员培训等。

2.2.23　都柏林大学安全办公室

大学安全办公室负责大学及员工与学生安全、健康、各类保险、各类福利和职业健康的日常管理等事宜；负责大学的安全风险评估、办公室安全、实验室安全、工作坊/设备安全、化学品安全、生物安全、田野安全；电子可视监控、事故报告与处理、安全课程培训与安全技能训练等。

2.2.24 都柏林大学教学部

教学部负责大学的教学改革与管理，其业务职能在教学篇详细介绍。

2.2.25 都柏林大学的农业食品科学与兽医学院

都柏林大学现有七大学院（college），本书仅以农业、食品科学与兽医学院为例对学院和系的职能加以简要介绍。各学院由不同的系（school）组成，系是实施学术研究、教学等行政管理的基本职能单位。

农业、食品科学与兽医学院

学院文化是培养好奇心和基于假设的科学思维，并与国际一流水平相衔接，培养学生注重运用知识解决实际问题，注重应用知识过程中的创新与发现。该学院拥有农业科学、食品科学、营养科学、环境科学、兽医科学等相关学科，拥有培养本科生、硕士和博士研究生的全部课程体系，注重教学和科研的创新与发展。该学院通过应用科学与工程知识，应对动物健康、人类健康、食品与农业系统等学科的发展，不断推动教学和科研水平与国际领先水平接轨，培养创新型人才，使他们成为世界先进水平的行业领导者，打造前沿水平的科学研究，使爱尔兰相关行业与领域受益。该学院也是爱尔兰食品安全产业链、食品质量、动物健康、人类公共福利的学术研究中心。

该学院的农业与食品学科设立农业科学学士学位、人类营养与科学学士学位和农村管理学士学位，兽医畜牧学科分别授予兽医学士学位和畜牧学士学位。该学院课程包括农业生产、农业环境、动物科学、林业、园艺、景观、竞赛动物管理、动物和作物生产、人类营养、兽医和畜牧、乳品、食品和农业综合企业管理、工程技术等。学院的教学科研是基于各系来组织完成的，也就是说，该大学里的系是最小的行政单元。

农业与食品科学系

组织结构：基于学校组织结构的重建与改革的需要，农业与食品科学系于2011年9月组建，系的结构设置的目的是创造多学科协作的学术环境，并鼓励学者们取得学术上最大的成功和可持续的发展。系是该大学最基本的行政运行单位，系主任负责全面工作，下设分管科研与创新的副主任和分管教学的副主任运行日常工作。系的管理依靠两个重要团队，一是行政办公室即系办公室，二是计划咨询委员会，其下设规划项目办公室。行政办公室对系的发展提出建议，履行大学六项相关运行政策与程序，帮助系主任管理系的资源，为完成好行政工作，系还设有行政委员会。计划咨询委员会对学校的本科教育咨询委员会、学校的研究生教育咨询委员会和学校的学术咨询委员会负责，负责履行相关设计、发展、规划、质量与监督等。此外，系还有一系列相关的咨询委员会负责某些专业性的咨询、设计、质量与监督等。

系的行政运行是依靠系办公室和咨询委员会领导的农业与食品科学规划办公室来实施的。系办公室是日常行政和战略规划运行的核心部门，其核心成员是系主任、行政管理副主任和战略发展副主任，另外还有两位行政工作人员不在办公室办公，但负责研究基金的管理和整合、协调相关资源，维护系的正常运作和发展。农业与食品科学规划办公室及其学术委员会的基本职能是提供各类规划的行政支持，负责学生参与相关项目的注册，其核心作用是制订适应人才市场的质量要求培养规划与方案，并实施与其衔接的培训活动，保留学生的首创精神，包括提出建议、实施人文关怀、注册、学位合法性审查、毕业事务等，支撑课程规划与各类项目的实施和进展，制订课程进度时间表，负责评定项目和课程质量，为大学的发展政策和运行程序的制订提供支撑材料。大学优先创新与相关实施过程全部依靠该部门的管理信息系统。

系管理与发展的各单元。系有4个基本的管理结构与行政运行单元，分别是管理中心、发展部、教育部、研究与创新部，负责系里日常工作运行、协调与组织管理，促进系的全面发展。该四个单元作为运行全系发展规划的核心部分，梳理、协调并发出指令，规划并实施农产品、农业与贸易、农业与环境和食品科学等学科建设，这种在同一系中协调宽领域、多学科的教学科研规划与发展模式在爱尔兰也是独一无二的，也是都柏林大学现在和未来成功的关键。

农业贸易与农村发展学科单元，涵盖农业贸易、农场管理、农业经济与市场、农村发展、通讯等学科，该学科的建设注重学科延伸、创新与人道主义，有两个本科专业即食品与农业商业管理、农村发展，两个研究生专业即可持续农业与农村发展、慈善行动。

动物与农作物学科单元，涵盖农产品与畜产品、动物科学、作物科学与马科学。该学科有4个本科专业即动物科学、动物科学与马业、动物与农产品、乳品贸易。

环境与可持续资源管理学科单元，涵盖农业环境、园艺科学、林业科学等4个专业。该学科有4个本科专业即农业环境科学、园艺景观、运动草坪管理和林业，有3个研究生专业即环境资源与管理、农村环境保护与管理、野生动物的保护与管理。

食品科学与营养学科单元，拥有食品科学和人体营养学两个专业，授予食品科学和人体营养两个本科学士学位。

研究机构、研究团队和研究中心。都柏林大学的办学理念是打造宽领域、多学科整合与合作，促进科学技术的研究与进步。学院、系自主组建专业性的研究机构、研究团队和学术研究中心，将本系特色学术资源与其他相关学科结合，学校层面积极创造合作环境，促进边缘学科的整合，进而承担国内外重要的研究课题。其中“食品和健康研究所”是很有代表性的科学研究机构，它整合全校相关学科研究人员，积极致力于在爱尔兰和欧盟领导世界领先水平的食品科学与营养科学的多学科研究，学术研究领域包括：食品安全、食品与消费者、食品生产、食品规范、食品和营养、食品科学、食物生物系统等。

该学院的 生物再利用研究团队，主要致力于将牲畜再利用的相关问题进行调查研究，该团队成立于2007年，主要经费来源于爱尔兰科学基金、都柏林大学、爱尔兰农业与食品局以及工业企业，多学科的科学家、工程师们致力于发展新型肥料的相关技术。

该学院的慈善行动中心，致力于慈善行动的研究和教学，教学课程体系主要是针对硕士研究生，也招收博士研究生。针对当前人类慈善事业面临的深层次挑战和慈善行动的重要价值展开研究，以促进慈善行动。该中心通过教学和科研，使得都柏林大学与爱尔兰国家全球化战略相一致。

鉴于新的学院、系组建时间不长，管理人员进行了重新组合，今后将进一步分析审视系的各组成单元，运行质量确保其适宜于未来发展与管理；进一步分析审视系的行政结构，确保可持续应对未来的发展需要；在今后三年内进行质量评估，确保系的各方面运行达到最高质量标准。

2.3 学生工作与学生会

Student work and student union

都柏林大学的学生工作由两部分组成，一是学校一名副校长负责学生吃、住、心理健康等日常生活与学习相关事宜，具体工作由不同的办公室配合落实。另一部分是学生会系统，学生会是相对独立的一套学生自我管理与服务的体系，分管学生工作的副校长部分工作是与学生会之间的协商交流与合作共同完成。

2.3.1 学生工作

学生工作的战略目标与使命：为学生提供与国际上高水平大学等同的大学生成才的经历，为学生身心健康和才智的发展提供基础设施支持，确保他们健康成才；了解每一个学生的科学发现的个人履历，并给以科技创新方面的支持；鼓励支持积极健康的社团和健康的生活方式；尊重文化的多元性和生理多样性，识别并支持诚信的言行；提供参与社区公益和志愿者活动的机会；为东方国家的学生设立专门培训项目，欢迎他们到都柏林大学并尽快适应这里的学习环境；组织学生观看各种规模的体育比赛，增强团队精神和体育文化意识；让学生们了解都柏林大学的整体发展目标与途径。

关键的内外驱动力：借鉴国际上开展学生工作的成功经验，任命专职副校长分管学生工作；把发展学生的大学学术经验作为大学战略的重要组成部分；建立大学学生健康促进委员会；新生入学后为其规划并设立多种培训项目，使新生能快速适应新的学习环境，对上述工作设立专门的质量评估委员会；将发展体育运动纳入都柏林大学整体战略规划，增强学生的体魄；对学生的记忆力进行统计和培训；与学生会进行合作。

主动规划的项目：由纽曼基金提供资金支持建立广泛参与的志愿者中心；设立一系列新生入学培训项目，建立高年级学生对新生的辅导机制；设立学生设施发展基金和各种健康促进委员会，成立都柏林大学科学发明与创造学会、文艺与表演学会、精英体育学会，请相关教授担任指导教师，学校提供专门的捐助、赞助，使大学生特有的天赋得到有效培养和发挥。

成效：建设了超国际水准的学生运动和休闲设施；实施的新生入学后适用大学生活的系列培训项目成效显著；提升了全校员工对学生全方位素质培养重要性的共识。

尚在进行的工作：逐渐强化多种学生俱乐部、社团组织在全面实施素质教育中的重要性；发展对欧盟生源和非欧盟生源的资金支持途径；对参与素质培养的俱乐部或社团的学生根据活动成效给予特定学分；每年对相关活动进行总结评估；采取多种形式举办不同国籍学生的聚会，促进他们的国际化交流，丰富校园生活。

内外部主要障碍：缺乏适宜的可持续的资金资助模式，以用于开展各项学生素质拓展活动和完善服务设施；许多教师对丰富大学生生活和全面素质培养的重要性认识不足。

对学生的信任与尊重：大学的使命是培养出一流的人才，整合并尽大学所有的资源培养优秀的学生以体现大学的质量，在大学教育过程中对学生的信任与尊重与知识的传授同等重要，这样让学生更能担当起自我发展与自我完善的责任。大学通过制度性的保障，学校董事会给予学生平等参与学校发展与管理的权利，学生是学校的主体，学生会主席和学生代表是学校董事会的成员，学校任何董事会决议都会听取学生的声音，教学改革与质量评估更是充分发挥学生的监督作用，从而让这所大学充满活力且保持快速发展。例如2011年学校董事会根据校长的提议，要为学生建设一个国际一流的学生活动中心，首先征求学生们的意见，随后学生会召开全校学生大会，听证并公开投票表决是否建造学生活动中心，如何建造等议题，经在校全体学生表决同意每位在校生连续两年以征收学生税的形式每人每年捐助50欧元以支持学生活动中心的建设；学生们还与基金会合作广泛发动校友捐助，近千万社会资金打入学校账户。为配合学生的倡议，学校董事会决定每位在校员工连续两年从每年的工资中扣除120欧元支持该活动中心的建设，建设经费的差额由学校做担保贷款支付。投资3 000万欧元建设拥有国际标准游泳池、健身房、影院、餐饮及会议室等设施的现代化学生活动中心第二年顺利投入使用。中心建成后学生和员工享有优惠使用权。这种对学生的信任与尊重体现了都柏林大学的办学风格。

2.3.2 学生会

根据爱尔兰国家大学法和都柏林大学章程，学生会是合法的学生自治组织，有其系统的组织结构、章程和法规，并对学生会的组织结构、权利与义务进行规范。同时大学法赋予学生会的权利是：维护在校大学生合法权益，并强化学生在大学发展中的话语权。大学法同时规定学生会遵守社会法律和对在校学生服务的相关义务。学生会实质上管理校内其他所有学生自治组织，校内若有某个学生自治组织的章程与学生会章程相抵触，则视为无效。学生会成员由在校学生组成。

都柏林大学学生会，在大学管理体系中是一套相对独立的管理系统。学生会主席同时是学校管理董事会成员，接受学校董事会领导，学生会每年举办一次年会，全校所有学生出席，听取学生会工作报告和财物报告，并公选出新一届学生会主席。学生会有独立的财务，可进行独立的资产管理和经营，学生会主席及4名分管副主席为全职岗位，一般享受2万左右欧元的年薪待遇，他们任职期间需要暂时休学，以履行岗位职责。学生会除了为学生提供福利性娱乐、报纸出版、就业、教学质量评估等服务外，学生会还有书店、商店、饭店等商业性服务。2011年都柏林大学学生会发现历年累计负债达170万欧元，为提升商业管理水平，尽快偿还负债，学生会提议并经年会表决，决定将原来的学生会委员会的机构设置改组为董事会决策制的有限责任公司。新任学生会主席，4名分管福利与质量、研究生教育、本科生教育以及负责学生业余娱乐设计和通讯服务的副主席等学生会骨干，外加一名律师组成董事会，全面负责学生福利性服务部门的日常工作与活动，包括就业中心、各种公共健康中心、报纸出版等；其他商业性经营包括商店、饭店、书店等由学生会聘请专业人士经营，每年给学生会上缴利润。2012年7月，都柏林大学学生会正式改组成为实体有限公司，学生会重组有限公司的组织构架，学生干部的积极性、主动性和领导力不断提升，招聘具有丰富管理经验的专业人才加入董事会，负责公司运营与管理。由于以公司的形式运行，贷款、担保、广告、零售等与商业公司的合作得以展开，学生会每月召开一次例会，由学生会主席向董事会汇报工作进展与财务收支，学生会经费主要来源于商业性收入，学校也从学生学费中以每年每人 25 欧元的额度拨付给学生会，经费的使用由财务总监、董事会对学校负责，同时随时接受学校和国家审计署的检查。

重组后学生会在 2012 年 8 月成功组织了为期一个月的“月营养餐活动”，大学生 10 欧元可以获得 4 份营养美餐；组织了 7 天的舞会周，成功销售 4 000 张门票；成功申请到了爱尔兰高等教育基金。同时都柏林大学提供了大笔的贷款支持，通过上述活动学生会很快将负债变为盈利，为在校学生提供更好的福利性公益服务，设立了学生活动奖励基金，鼓励并组织开展了丰富学生经历的多种活动。

都柏林大学学生会在 2007 年发起的旨在维护大学生心理健康的活动“Please Talk 2007”已经成为爱尔兰国立大学学生活动的品牌，创造条件让学生多参与交流和沟通，减少自我封闭的生活方式。

学生会也会与基金会合作，针对学校发展与学生的需求展开募捐活动，例如 2011 年学生会进行募捐义演，资助有特殊困难的同学。

3　教学篇
Teaching and learning

3.1 教学管理系统

Teaching and learning administration system

学生注册信息管理系统是本科生、研究生所有教学管理的核心。都柏林大学注册管理系统由常务副校长主管，该系统包括 IT 中心、图书馆、教学质量部、事业发展部和注册中心等部门组成，其中注册中心为核心部门，有 80 名注册员，其职能包括入学注册登记、教学质量测评与评估、学业注册管理以及收费管理系统等。

3.1.1 战略目标

开展提升学生培养质量的发展规划，强化规划的执行，支持各类合作与协作；提升针对本科生的"视野化"教学效果，负责对学生和教师进行沟通；通过提升教学质量，巩固和发展招生资源；通过提升行政管理、信息与技术服务、协调各系统职能等相关手段，支持课程学习和模块课程体系运行的灵活性；持续提升大学对学生管理的经验；建立并完善学生管理的资源整合系统，发挥其对学术活动与学生学习的支持功能；建立涵盖学生生活的一体化学术活动支持系统；发展一系列增进与本科生沟通的渠道，确保学生能够准确及时收到学校的信息；发展研究生教育；打造都柏林大学具有品质特色和吸引力的大学品牌。

3.1.2 关键的内外部驱动

发展大学教学注册管理系统的内在动力是提升教学质量、提升大学对教学系统的服务水平、减少不必要的支出。该系统包含网上在线注册系统、考试管理系统和课程管理系统。无论是学生从入学到毕业，还是教师从开始授课到课程考核结束，都运用网络模块化的系统进行管理，减少了大量不必要的工作。注册管理中心负责模块系统的运行、升级、培训、数据资料管理等，也就是说，模块的使用者(员工、学生)完成工作之后，管理中心持续提供相应的后台支持。例如，学生可以网上缴纳学费及其他费用，在线提交与下载文件，打印文凭证书、票据和成绩单，这样提高了学生的自我管理能力，所有文件由用户自我控制，获取文件方便快捷，大幅度减少了管理成本和工作量，运行过程非常高效。

外部的驱动力表现在学生的培养质量直接反映行业、政府和社会对大学的认可与支持程度，例如，爱尔兰大学委员会对大学财政的支持与之有很大的关联。因此，大学的学生培养规划要求有相当的灵活性和对质量要求的前瞻性。来自国际国内对提升大学质量的要求都是各大学重要的发展驱动力。

3.1.3 实施的相关项目

教学注册系统对学生的教学服务与管理提供相关技术手段、教学软件的更新，确保学生学习过程充满活力。

① 维护在线注册自我服务模块：所有学生网上注册选择学期学习模块，网上支付学费，选择实验室和指导教师，学生可以在网上查阅以往的成绩单。② 维护课程管理系统：授权各系或模块协调员进行课程管理、程序结构的调整。③ 维护试卷管理系统：可以对试卷进行首尾相连的管理，考生在电子考试大厅的电脑上提交试卷后，协调员可以利用大厅的三层方形机打印试卷，无姓名装订后送交评阅教授，保证考试过程的公正。④ 制订核心时间表：这是促成灵活运行都柏林大学视野理念教学的关键因素，可以进行学部间和大学间的流动性课程选修，对期末考试可以进行集中有效地管理。⑤负责监控管理系统：例如对考试进行监考。⑥ 模块化的费用处理：按照标准化的程序，模块化的教学运行过程中学生会产生各种不同的费用，程序会自动生成收费单，学生网上付费。⑦ 维护在线自我服务文档管理：正如上述，教师和学生都会从该模块化程序中进行下载、存储及传送等文档处理，通过改善服务质量，大幅度减轻教师与学生的工作量。⑧ 校内在线经费转移支付：鉴于学生跨专业、跨学部选课以及学生科研活动的费用，网上可以根据有关信息生成费用预算、核算等，提高了费用支付效率，减少财务差错。⑨维护期末考试处理系统：系统可以有效地流程化处理一年两次主要考试季的70，000份试卷，课程集中考试是以模块化形式强化学期概念，使运行程序紧凑，有利于后期集中时间实践训练，有利于进行教学质量评估，减少管理中的撞车，减少开支。⑩维护在线申请系统：每年有 17 万份的各类申请，在都柏林大学网上操作。

3.1.4 成效

上述这些工作在都柏林大学所有学科和领域都成功地运行。通过注册信息管理系统这一教学规划与管理系统改革，使学生培养质量与学生满意度显著提升，节约了人员和经费，实现更加灵活的“嵌入”培养程序；由于模块化的运行程序减少了人工投入和人为因素造成的错误，提高了运行速度，因此节省了经费；最显著的成效是都柏林大学自 2005—2006 年以来实现了本科教育的“视野化”和“模块化”，经过几年的稳定运行，成效得到公认；注册系统对于终端用户本科生、研究生和教工都有独立的邮箱、账户，可以在校内通过输入个人账号和密码随处使用固定安装的方形全自动彩色或黑白打印、传真、扫描等办公自动化系统，可以通过网上银行对账户充值，提高了效率，节约了人力物力。办公自动化系统由 IT 中心负责维护。

3.1.5 持续性工作

该注册管理系统于 2005 年建设并投入运行，整个管理系统不断增加新的信息，着眼于下一个16年的相关软件升级、扩容等相关工作正在持续进行，因此相应的经费需要得到保障。尽管目前正常循环的注册、入学、评估系统相对稳定，但是在线申请系统亟待扩容。另外，致力于学生、教师以及管理人员的在线信息服务与设施配套升级工作也持续地得到改善。

注册管理系统模块化的教学管理模式对提升全日制在校生教学质量是十分成功的。但对于假期短期培训、继续教育与培训、网上在线学习、大学间合作培训项目的质量保障，由于存在很多的不确定性，仍然面临许多困难。对此，都柏林大学正考虑建立“构筑模块”确保注册系统的质量控制与保障。

3.1.6 内外发展障碍

由于经济萧条导致国家教育财政预算减少，学校没有财力去调研收集资料，并整理与分析更重要的商业体系对智力人才质量的需求，而社会对智力人才的需求动力和学生成才的驱动是影响模块调整的核心因素，系统的更新、升级和扩容也因经费而延迟。此外，国内教育财政拨款的削减，也导致聘任人员的减少，进而导致人均工作量大幅度上升。

3.2 本科生教学概述

Overview of undergraduate students teaching and learning

都柏林大学本科生教学部的五年战略规划十分重要，是后续工作的指南，其战略定位是提升教学标准、革新课程结构和激励优质教学活动。通过创造良好的学习环境，不仅使学生成功获得知识，同时建立自我激励机制，使学生成为善于思考的学习者，对知识具有感知和评价能力，打造具有国际品质的高等教育。

由于互联网的快速发展，学生背景、学习目的和需求的多样性，灵活多样化的学习社区是适应当今高等教育发展的趋势。围绕战略目标，都柏林大学设计了一系列可持续的高标准学术项目，由教学学术团队在学科内和学科间实施，其良好的效果远远超过基于学术性的"良好的理念"层面，确保学生获得高质量的教育。事实上，教学是由教和学两个过程组成的，良好的教学依靠专业化的师资队伍、一流的设施和相关的辅助机构。教师具有扎实的科学研究背景是咨询式、讨论式教学的基础；制度化的政策可以有效评价教师授课的业绩，同时激发积极性，而各种项目的实施是激发教师探索增进授课效果的有效途径，并进一步完善政策措施。2007年都柏林大学专门为教师设立的奖金项目，奖励了18名本校的教师和来自都柏林高等教育联盟的教师，他们的教学质量成为引导教学质量提升的典范。都柏林大学鼓励充满热情、善于总结教学经验并具有教学技能和创新性的教师，使学生从来到都柏林大学的第一天直到毕业离开都柏林大学，都能真心地热爱学习，进而终生热爱学习，教师也因此受到广泛的尊敬。

都柏林大学的教学注重六大项工作。首先是建立各学院各学科相互交叉的高质量的教学体系；第二是积累并应用为所有学生的培养而建立的积极有效的教学经验；第三是建立并实施有效的教学质量评价；第四是对杰出的教学工作进行奖励；第五是基于上述工作为教师提供有价值的信息资料，以促进教学质量提高；第六是确保全校促进教学质量的教学环境、政策、教学系统（包括选课）以及各项相关服务的有效性。

本科生的教学工作改革与发展来自教学内部高标准的要求和国际方面的挑战，以驱动教学工作的提高，1999年欧洲高等教育领域在意大利共同提出的"博洛尼亚进程"以及国际高等教育奖学金的设立，使得提高高等教育质量的呼声成为共识。国际高等教育已经进入21世纪并伴随信息科技的快速发展，高等教育应更加注重识别学生如何学习，拓展教学途径以适应学生学习技能的培养，使得学生们能够利用他们喜欢的方法进行知识的获取、加工并在批判性的思考中丰富他们的智慧。其实这并非是新的高等教育理念，早先都柏林大学首任校长纽曼先生也有类似这样的思考，他认为致力于记忆的教学对学生的身心发展是有局限的，高等教育应该在智力的基础上形成永久的独立的学习性格。从国家层面，近10多年来爱尔兰国家大学学期模块化教学的改革成为提高教学质量的焦点，国家大学质量评估与监督机构要求大学有义务自我监督和评估教学质量。基于对爱尔兰经济发展和社会政治方面的要求，在2006—2008年和2009—2011年期间爱尔兰政府分别设立了大学教学战略创新基金（SIF），该基金规定了相关大学教育与改革的质量要求，资助爱尔兰各大学围绕提升教学质量进行改革，资助建立大学自身和大学间的模块化教学，资助购置相关设施，资助教师个体、团队和大学间进行教师教学、学生学习有效途径与方法的研究，因此促成了都柏林大学具有全球化理念的教学战略规划改革，2011年12月第一轮教改基金项目完成，大学的教改全面实施。为确保相关研究工作的可持续进行，在此基础上都柏林高等教育联盟正在启动第二轮的战略基金项目，实施进一步可持续发展的教学研究。

2005—2007年都柏林大学在爱尔兰率先构建各学期全模块化大纲及课程体系。当时学校面临来自大学自身教学系统内部的挑战，尤其是2005年设计构建这一新的更优化的教学体系本身就有很大难度；另外一方面的挑战是如何有效地向学生们介绍本科生模块课程体系的视野化理念，并让学生掌握如何进行模块化课程选修。2005年在各大学院任命一位本科教学副主任，随后在2008年各学院任命本科生教学工作常务注册主管，这对教学体系改革起到了很好的推动作用。

围绕本科生教学改革，本科生教学部承担的项目有：2008—2011年间主要实施关于激发学生学习的新途径与新方法的研究与实践，包括大班授课的新方法、基于问题咨询的教学方法、面对面授课与网上在线授课途径的教学方法、对等辅导教程、对从事教学助理的研究生进行培训等。2011—2012年的重点是针对新生第一年的教学计划与模块，如何有效调动好全校相关人员的积极性，让新生适应大学的主动性学习氛围，包括向一年级学生介绍如何实现网上在线学习的一系列程序；成立便于学生机动选修的写作培训中心；研究大学一年级学生退学的原因；有效地利用学术分析识别大学需要帮助的一年级新生；对大学第一年进行质量评估与对策研究等。

关于教学与学术关系的转换，主要是通过教师研习班进行授课技能的相关培训，每个教学模块建设在线教学资源库；对学术型教师建立公信的教学培训大纲；设立基金鼓励学术型授课教师完善授课内容与结构，增进教学效果。

学生参与的相关提升教学质量的工作有：在所有的教学模块引入学生匿名在线回馈机制，设计并实施各模块的年度增效工作，引入学生参与的年度教学效果调查机制。网上注册管理系统有12个网上运行的窗口，收集教学过程中不同渠道的质量反馈信息。

评估与课程体系的重建：2011年12月至2012年9月和2013年8月至今先后两次设立专门的基金资助，该资助的背景是都柏林大学在教育战略中明确指出，通过评估体系，重建新的教学体系以补救缺憾。首先是评估指南的确定，例如如何评估大学第一学年教学质量可以为第二学年的补救提供帮助，以适应不同专业学生的不同需求；然后是各学院各系的规划；紧接着是不同学院同一时期相关评估体系的对接，同时相互介绍重建经验，推广成功的做法。该窗口建设的目标是，鼓励积极的高质量的本科教学工作，同时对教师的教学质量进行时效性评估，包括对不同课程评估指标的类型和数量的确定，以此确定教学工作量、确定授课的时段，收集当前教师教学过程中的在线信息资料，对教师的教学效果及时反馈。所有这些复杂的工作对整合好相关教改资源、设立有效的研究计划十分重要。

关于教学改革工作方法，学部及学院与教学改革相关的管理团队成员都要参与以下三方面的工作：①教改体系标题的研讨和阶段性改革效果的总结，同时与大学相关学科研究机构

(所)的专业化团队结成联盟,针对本科毕业后进一步深造所需要的相关知识属性和要求,共同探讨提升本科教育质量的途径。②贯穿整个教改过程的课程体系设计、归纳整理提升和评估教学质量的相关阶段性活动。③结合前一年的评估指南、原则和实践中改进的实效,兼顾现阶段全校整体质量评估的情况,重新审视 2012—2013 学年的质量评估系统。大学整体教学质量评估团队共享有关资源、经验和专门知识,以及与澳大利亚新南威尔士大学的同仁分享经验,后者是全球 21 所研究型大学领导联盟网络成员,并进行了相似的教改。

研究与实施效果:2012 学年都柏林大学的教学质量评价与重建规划在建筑学、物理学、放射成像学、人文学科和兽医学等学科采用专业的绘图统计设计,对质量评估实践进行了总结。回顾前一年的评估实践,基金支持的教改与质量评估取得了令人鼓舞的成效,尤其是在关于教改与质量评估战略的设计中,相关成员的有效交流是十分有价值的,这一学年 41 个教学模块协调者的交流与合作有效地减少了教师和学生进行教学质量评估的工作量,例如,不同学科平行模块协调的重点是协商彼此的相关要求,由于信息的共享减少了不必要的话语沟通和评估文本的提交,把重点更加集中在设计大学生第一年要学的教学任务,评估工作主要集中在构建学生反馈的自我检查与评价体系,其中学生学习与评估之间的平衡、六种学生对授课效果的反馈渠道的建立、针对质量评估的多项选择问卷的设计、对一年级学生减少多样化的社会学科的评估等相关工作成效显著。

下一步的计划是进一步规划、细化并通过专业课程映射软件健全模块化教学体系,健全程序文件,核对相关资源并进行个案分析研究。与各学部、学院负责规划的负责人进一步研究讨论用于描述各相关评估程序的参数;开展一系列规划研习会,形成一体化的评估构架;制订模块协调者支持条款和有关规定,设计和实施其他可选择的质量评估路径,进一步推广应用成功的经验。发布展示有关学科教改与质量评估的成效,在其他学科中推广。

已经完成的相关文件有工作人员指导手册、大学质量评估设计理念与实践、质量评估的基本概念与流程图、强化交叉与循环的学科模块、学生反馈体系的构建、教改质量评估的理论和实践以及学生反馈的教学成效测评等。

都柏林大学为教师和学生提供不同的教学工具包,为教师和学生用户配备的一个移动存储直接可以连接相关网站,为教师提供的工具包包括教学要求、幻灯制作模板、学生教学管理程序(包括成绩录入)、教师网上教学信息空间等。教师应不断丰富网上资料尤其是可供学生自学的资料。学生刚入学领取的移动存储为今后的学习提供了快捷的连接与学籍管理。

成效:重点做好学生入学第一年的相关介绍,让新生快速适应大学生活,进而进行大学生各自课程选修设计,使得学生满意度显著提升;大班授课效果显著提高,在爱尔兰国家高等教育质量评估中被评为最好水平;都柏林大学提高教学质量的奖学金机制被苏格兰的罗伯特戈登大学、新西兰的奥克兰大学以及都柏林高等教育联盟采用;都柏林大学也是在爱尔兰第一所所有课程实现学生网上匿名反馈教学质量的高校,也是第一所约请学生参与年度教学质量调查的大学。

下一步的工作是不断审视各种质量评价体系的动态效果。对教改运行的相关项目进行长期的维护和实施;进一步完善学术研究型本科生高质量教学结构机制;完善学生工厂实习结构设计机制。

内外部困难：内部持续的阻力是少数教学人员的教学标准不透明；少数课程过度依赖原有的教学内容而不去增进学生的学习能力；有些学科在一年级学生的相关介绍模块化教学的工作中做得不够影响了学生对课程的选修设计。外部困难是2011年底所有用于教改的国家基金已经结束，需要学校补充相关经费。

在过去5年教学质量改革与发展的进程中，无论是校内核心教改项目，还是都柏林大学联盟之间的合作项目和全球21所研究型大学联盟之间的合作，战略伙伴都发挥了积极的作用。通过都柏林区域的高校联盟，都柏林大学积极参与网络化的电化教学、研究型授课以及学生的学习效果等方面的经验交流，为提升本地区大学教学标准与活力发挥了重要作用。国际化已经是都柏林大学各项工作中不可或缺的重要元素。

都柏林大学的教育非常重视教学计划的设计、教师团队化的教学研讨和课堂学生小组间的研讨，注重创造条件使课堂学习与实践有机结合，通过数据和案例完成课程报告，更加注重学生自身在专业学习中能力的拓展。

3.3 本科生“视野化”教学理念

The horizon idea of undergraduate students teaching and learning

3.3.1 “视野化”教学的背景

都柏林大学“视野化”的人才培养理念是从这所大学的创办者纽曼先生的《大学的理念》教学哲学中得到的启示，他希望通过创办开放的大学教育，建设一个繁荣的蒸蒸日上的国家。这一理念是都柏林大学宝贵的精神财富，在教育发展过程中得以传承和丰富，并与灵活的选课制度和规范的学习纪律相结合，为学生探索出一条具有广阔知识基础的开放式教育模式，使他们未来不只是成为其学科的专家，而且也拥有广泛的兴趣与高品质的生活。早在纽曼的作品中也都有这样早期多样性视野化理念的范例，纽曼所倡导的多功能性的智力培养在都柏林大学课程体系中得以体现。

与中学相比，大学最大的区别是，作为一个大学生最重要的是要学会管理自己的学习。不像中学生在学校有严格的监管制度，在大学里没有谁会点你的名，没有以往最畅销的教材，强调的不是考试，而是实实在在地学习知识和技能。在大学里，对知识的学习实际上是很困难的事情，设计视野化教学的理念和一系列做法就是帮助学生应对学习的困难。都柏林大学始终将自己置身于全球大学教育的引领者位置，通过视野教育可持续的经验积累，为学生提供灵活的、模块化的学位培养体系和多样性的知识选择。都柏林大学是爱尔兰第一个完全采用这种系统的综合性大学。在学习方式上通过给学生选择，代替传统意义的约束，对不同的学生实现多样性的因材施教，希望学生们能够从自由和多样性的学习中受益。

视野化教育体现在教育的宽度，大学各专业有核心课程模块，然后通过选修课可以扩大学生的知识面，给予学生探索不同专业领域或者更深入探索研修专业的机会，在一定程度上可以让学生根据自己的发展需要选择课程进行学习，理科学生同样可以选修文科文化、艺术、历史等相关课程，增加全方位的综合素养，这是现代大学教育在信息化时代的发展趋势。用耶鲁大学校长理查德·莱文先生的一段讲话来理解，“学生通过不同学科的学习，会有不同的视角，这样一种跨学科的知识广度，能够使毕业生有能力以创造性的方式来解决新问题，我们要去解决一个现实中的复杂问题，需要借助多学科的知识。”莱文先生说，好学校不仅教学生知识，它们更给学生提供机会，去扩展视野，它们教学生用各种视角看世界。莱文先生对中国学生的感受是“我的感觉，中国学生比较保守、求稳，他们受到的训练比较专业，但是过于狭窄。”我的建议是，中国同学们，去尝试你从来没有做过的事吧！学一些你从未涉足的新知识。

3.3.2 “视野化”教学的战略选择

都柏林大学本科生“视野化”教学理念是培养全球经济环境下各行业的领导者和具有创新

活力的高等专业人才，在学分制基础上，针对本科生教学课程结构，进行合理的模块化设计。教育是为每一个不同知识背景和不同个性的学生提供更加灵活的教学模块，适应个性化的需求，机动地培养学生，以实施新的动态化的教学程序。它比传统的学分制结构更灵活，能够使学生有能力以创造性的方式来解决新问题。课程教学按博洛尼亚协议的国际水准进行改革，学生可以在同等水准的大学、研究机构乃至采用相似体系的国际（欧盟）互选课程模块。实施这一改革的效果在于真正以学生为焦点，让他们能在学习核心课程的基础上灵活地进行跨学科、跨专业或者进行本专业更深层次的学习。规范的质量评估能让学生和学校都可以十分清楚学习的效果，并对学生的工作量进行有效的管理。通过全面拓宽学生知识面，培养学生全面发展，鼓励学生参与多种素质拓展俱乐部、社团和志愿服务活动等丰富多彩的校园生活，让学生的经历更加充实，最终实现满足学生个性化知识需求，让学生更容易获得广阔知识，扩展视野，使学生们能借助多学科知识去解决复杂问题的目的。

都柏林大学是爱尔兰唯一一所拥有教育研究战略规划的大学，拥有专业知识和教学技能的学者参与对具有兴趣和令人兴奋的教学方式的研究，尤其针对大学新生的创新教学和认知学习途径进行系统研究。本科生视野化教学课程体系建设是教学改革的重要战略选择，是基于当今信息化时代，相信并注重培养学生主动学习的能力，注重技能和兴趣的培养。大学没有必要把陈旧的或者不实用的传统知识灌输给学生，大学的专业教育应明确重要的骨干课程，要求传输给学生整个专业的构架、基础知识与技能和最新发展的前沿知识。学生在大学的学习过程中具有基础知识、基本技能和学习兴趣之后，相关的知识他们会自我获取，因为学生具备这样的能力。腾出的学时用来拓展学生其他专业的视野，他们可以选修文艺、音乐、法律等各种学生本人感兴趣的课程，全方位提高本科生素质。

注重发展令人兴奋的教学技能与新的杰出的专业知识传授方法是都柏林大学视野化教育改革的新亮点，大学设定第一年第一学期的特定教学模块帮助大学新生整体感知自己所选的专业与学科，让大学新生对知识的学习感到重要、有用和有趣。大学第一年的教学创新与促进学生学业发展的一些案例有：艺术与凯尔特研究中心设立的随机插班写作中心，帮助学生提升和拓展写作技能；普及型随机插班的数学中心为学生的数学学习提供全方位的帮助，为学生提供充分理解与交流挑战性论题的机会。这一学期的教学模块还包括自然科学、护理、计算机科学和艺术等，经验丰富的授课教师运用创新的和令人愉快的教学方法与学生小组一起工作，给予学生体验科学发现的全过程，把学生的培养过程看成是教师与学生共同完成的科学发现之旅，在这里学生会得到一切可能的鼓励和支持，在学术和个人生活中发挥自己的全部潜力，帮助学生成为有效的大学学习者。工程学部为大学第一学期为所有的工程学科的学生提供有创意的设计模块，培养学生主动发现问题并解决问题的能力，致力于解决问题过程中的团队合作、样机造型设计、可视化表达、生动的陈述与沟通交流等主动学习的综合能力的培养，这是一个积极活跃的学习方式。基于询问的探究式学习模块，例如英语、地理专业的学生们将拥有活跃的工作小组，他们会对本学科的关键性问题给出答案。国内一流的计算机科学中心的实践模块有高水平的企业老板帮助学生了解更多关于开创职业生涯、劳动力市场以及作为公司雇主需要寻求的技能，无论你选择哪一个模块你将确保得到最前沿的知识与技能。

视野化教学战略选择还包括注重给学生创造好的学习环境，例如赋予图书馆新的职能，学生可以通过电子信息系统学到他们想学和要学的知识。大学对教师的授课有很高的要求，教师也要进行教学技能培训，授课内容、参考教材及相关学习资料必须上传到网上教学数据库，所有课程在学生选课成功后可以网上下载课件，基础课程的设置注重与各专业的紧密结合，减少学习教条、死板和无用知识的传授。学生对教师的授课效果有评价反馈，学生一旦发现不喜欢所选的专业可以按一定的程序进行调整。学生选课信息中有上课时要用的推荐参考教材清单，可以到图书馆借阅或从学校的书店里购买，也可以到学生会开办的书店买到二手的教材。

今天的都柏林大学作为爱尔兰最大的多学科研究密集型大学，在爱尔兰构建了比其他高校更宽范围的学科体系、注重多元化互补性的师资队伍建设和吸引全球的优秀生源，造就了都柏林大学丰富多样的教育体系和基础雄厚的学术研究，为学生提供丰富多样的教育产品。在这里学习、工作既能感受到爱尔兰的特色，同时又融入了国际化的多国文化元素，你能体验到真正的全球化视野和多元文化环境，并拥有向许多国际合作伙伴大学学习和借鉴的机会。

都柏林大学本科视野化教学创造一种具有想象的学习方式，强化教与学的过程，注重教学和科研具有前瞻性的动态化质量管理，支撑着最前沿知识的学习，大学对视野化教学质量实行规范的过程管理与质量评估，注重信息化教学手段的应用，确保教学质量。以这样的教育理念并长期形成共识，使得都柏林大学成为爱尔兰规模最大、学科最齐全的大学。这种让学习者具有想象力的知识结构重建，可以很好地发挥学生的科学发现与创新活力，并且得到了国内和国际上的广泛认可。2011 年 6 月，爱尔兰大学质量局(IUQB)在其评估报告中赞扬都柏林大学的视野化教学基于对国际前沿尖端知识和多种边缘学科的学习，注重提升教学质量和学生认知品质，旨在培养在爱尔兰和全球的发展中有所担当的大学生，是有巨大潜力和远见的教育方法创新与课程结构的改革。

3.4 模块化教学体系

The modular system of teaching and learning

模块化教学是西方高校普遍采用的教学培养模式。它基于网络信息技术在大学教育过程管理中的应用，是提高大学教学质量、由应试教育的“浅学习”向知识技能的理解与应用的“深学习”转变的必然要求，是构建整体教学过程质量评估的有效体系。过程管理与评估成为模块化教学的关键词。

模块质量提升系统，是以培养学生专业知识与技能、培养行业领导者与创新型人才为出发点，在学分制的基础上，根据各专业各课程教学的实际需要，通过教师自我完善授课内容、同行授课专家小组观摩、教学过程中和过程后的各种信息反馈等渠道，对教学质量不断深化和完善，持续提升授课、辅导、研讨、实验、实习等多种教学形式的质量。

伴随着模块化教学，学长辅导计划对学生而言十分切合实际。每学期开始，学校组织本专业高年级的学生对低一年级的学生进行选课指导和学习期间的讨论答疑。新学期前 6 周，每一个高年级的学长负责指导 8～10 个低年级的新生，高年级的学生辅导前要参加学校教学部的短期培训。这样新生注册前可以很快了解本专业模块中描述的各类课程，学生经与高年级辅导员或模块教学注册协调员协商后确定选修模块，进入选修程序。经网上注册并付费后学生可下载教师上传的授课资料，学习授课要求，除了参加教师授课，有问题还可以及时与学长进行探讨。

教学过程中协调员会结合学生网上反馈，依据程序产生格式化的评估资料。学生、教师、系和学部负责人以及校外聘请的质量监督员皆有各自通道，可以在网上审阅详细的记录资料。结合上述模块化过程，学院一般每年定期出具模块教学质量报告，促进教师不断改善学生学习效果。伴随学生学习的深入，例如完成考试或进入新的模块等，对学生个体培养质量的评估也会不断地更新。基础课、专业基础课及专业课教学同样会更新教学方法，学院也会根据评估结果展示好的教学经验，进而完成反馈循环。

学生作为提升学习质量的参与者，可以通过网上问卷等形式参与质量反馈。外校同行专家的评估、研究与讨论，也促进了教学质量的提升。模块协调员出具的测评报告使质量的提升变得既切合实际而又简便易行。随着经验的积累，模块化教学对学生和教师以及图书馆等相关设施与资源的应用都有相应的指导，教学资源、教学日历、电子信箱等都可以便捷的使用。

模块协调员在出具相关的评估之前要针对授课教师、学生及图书信息系统完成以下相关信息收集工作：例如你如何简明的确认学生希望学到什么，学的效果怎么样？如何评价模块的质量水平？模块的设计如何影响学生的工作量？老师与学生接触的时间有多少？都通过什么样的形式进行知识或技能的传授？模块中设立了什么样的模式推荐给学生，这些模式是否可以使学生获得更好的学习质量？这些模式是否有清晰地分类，学生是否可以实施？如果超过25％的学生认为模式的设计低估了或超出了学生的学习能力则表明模块的设计是有缺陷的，应如何调整？怎样可以更好地评估学生对知识与技能的掌握情况？有多少学生参加了信息反馈？在你看来模块值得肯定的方面和未来需要调整的方面各是什么？所有这些问题协调员都经过培训后，通过与教师、学生以及图书馆等有关配套实施进行信息汇总，然后程序化地体现在评估报告中。

模块协调员同样需要对教师关于学科、学院领导与教学相关的内容进行电子问卷：1.在你的学科教学过程中做的很有成效的方面是什么？2.在教学模块运行中，未来你的学科在提升质量过程中需要引起注意的是什么？3.在模块中影响你的学科教学的关键点是什么？4.在国家高等教育质量不同水平框架层面，你的学科做出了什么样的成效？5.在你的学科教学中哪些是学生们认为最有效的教学模式，哪些是学生们提出疑问应该引起注意的？6.你的学科是否在模块中有专门的时间(周)对学生的出勤或自我学习表现进行调查。如果模块协调员发现25%的学生反映有问题应启动进一步的教学模块质量调查。

[例]食品科学专业的本科生教学模块

都柏林大学全日制本科生每学期需完成6模块的学习、12周的学习、1周复习、2周集中考试；每年要参加12个模块的学习，其中10个模块是专业设定的必修课，称作核心模块，这些"核心模块"是强制性的，另2个模块学生可以根据自己的兴趣任意选修，不同选修模块的学习要求、时间表和实用性不同，你既可以选择本专业更深度的学习模块，加深你的专业知识学习，也可以选择与核心模块课程毫无关系的跨专业模块以拓宽知识面。学生可以在都柏林市其他国立大学或21所全球大学联盟高校进行选修，学分相互承认，以此体现都柏林大学拓宽大学生视野的理念。一个模块平均为5学分，要求学生完成125学时，这些学时包括教师授课、学生完成作业、同学间的研讨及网上学习、实验室试验和测评等，这样四年要完成240学分，目前都柏林大学的学分考核实行欧洲学分制转换系统，即学分的高低与A、B、C、D、E相接轨。

完成一个本科学位的学习一般要有3或4学年的学习，文科专业通常3学年，理科专业通常4年或5年。本科学位一般表现在学分以A、B、C、D、E来登记成绩。

以下以食品科学专业本科生的课程体系为例：

第一学年上半年必选课：信息技术与计算、基础化学、农业数学Ⅰ、食物与健康；选修课：农业商贸与经济，各门课程均5学分。

第一学年下半年必选课：食物与健康、动物学进展、细胞与植物学、分子生物学、农业数学Ⅱ、物理与农业科学；选修课：谷物科学，各门课程均5学分。

第二学学年上半学期必选课：感官分析、生物统计应用、食品物理、农业微生物、食品常量营养；选修课：商业管理、应用植物生物学，各门课程均5学分。

第二学年下半年必选课：基因与生物技术、营养能量代谢、基础食物分析、人体营养Ⅰ、健康福利与安全，选修课：商业法律、动物营养Ⅰ，各门课程均5学分。

第三学年上半学期必选课：食品微生物、食品化学Ⅰ、产品开发、生物加工工程原理、食品分析Ⅰ，各门课程均5学分。

第三学年下半年必选课：食品化学Ⅱ、食品科技写作、食品分析Ⅱ、人体营养Ⅱ，以上各门课程均5学分，同时完成3个月专业实习10学分。

第四学年上半学期必选课：食品加工技术Ⅰ、鲜肉与加工肉品、乳与乳制品、食品产业链、产品开发、生物加工工程原理、食品分析Ⅰ，各门课程均5学分。

第四学年下半年必选课：食品化学Ⅱ、食品科技写作、食品分析Ⅱ、人体营养Ⅱ，以上各门课程均5学分。

3.5 本科生教学管理

Undergraduate student's teaching and learning management

大学的教学工作与学术发展密切相关,作为一所研究密集型大学,都柏林大学的学术发展,通过科学的发展机制,支持其学者持续的学术进步,造就杰出的学术员工,进而为学生提供创新和高品质的课程,以确保他们教什么以及如何教,从而使学术员工有效适应当前和今后本科生和研究生的知识与技能需求,打造历史悠久的卓越的教学传统,实现培养创造性的学术思维和创新性毕业生的教学使命。使得大学在保持国家的最先进并满足更广泛的社会需求方面发挥重要作用。

3.5.1 教学部对于从事教学工作的员工的教育方法与技能培训

为有效提高学术员工在教学工作中应有的技能,确保学生的培养质量,都柏林大学学术委员会明确规定每学期对教师进行不定期的相关培训,由教学注册部和各学院教学注册协调员予以实施。

(1)网络或面对面的教学技能培训,使学生能够有效地获得知识;

(2)要求教师不断地深化自身的专业知识,延伸专业授课技能;

(3)积极发展专业员工的专业知识,创新课程设计;

(4)鼓励与实践相结合的教学研讨,以方便学生高质量的专业学习;

(5)建立专业实习制度;

(6)建立教与学技能交流互联网社区,促进职业学术关系的建立,分享教学技能。

无论你是一名都柏林大学专业员工中职业生涯才刚刚开始的新成员,还是在探索新的教学方法方面富有兴趣的资深学者,都可获得一系列模块和项目支持你教学技能方面的实践探索与提升。这些措施包括:①如何成为一个更好的大学教师;②大学公信品牌教学课程项目;③促进教师专业教学水平提高的教师专业模块。所有这些模块和程序都是连贯的、灵活的,广泛适用于各学科领域的基础性框架,适应于学术生涯的不同阶段和工作人员的需要。

包括教学员工以及其他各岗位的人力资源培训、开发和个人发展机会、健康和福利以及绩效评价系统与项目由人力资源部负责。

3.5.2 教师资格制度

所学学术员工上岗授课前必须具备以下条件和确认的基本态度:

(1)必须要具有专业证书/博士学位文凭;

(2)你本人是否有兴趣围绕教与学以及相关的质量评估不断拓展自己的知识与技能;

(3)是否有兴趣完成为期1年的教师技能文凭培训;

(4)是否有兴趣研究教师教学与培养学生主动学习的相关知识与技能;

(5)你是否愿意从事于教师职业生涯,并有效构建你的教学公文包。

大学教师资格证书需要完成15个学分的学习,基于爱尔兰高等教育局对高等教育教师职业7个水平的晋升,教师职业文凭课程共需要30学分的学习计划,根据教师在不同的阶段,提供有效改善教师的教学技能、方法和提高对高等教育理论的理解;提供大量的生动的教学经验、教学理论、途径与技巧以提高教师课堂授课的质量与效果,同时为教师们提供更多与有经验的学者交流的机会,使课堂教学确保优质并充满活力,激励教师致力于自己的教学工作,丰富自我的教学理论与方法并尝试新的课程设计和自攻评估方法。

3.5.3 教与学配置的网络文件

都柏林大学教学有一个基于网络的教学档案系统,备有易于使用的教学研究与应用通用配置文件"选项",可以与结构化电子教学的个人主页相关联,便于教师创造和保持一个简洁的网上教学组合。有些信息会自动从大学课程管理系统填充到教师的教学资料中,该教师网页还包括教师科研与学术相关选项,根据情况可以使部分网页公开,教师和学生及学术管理部门通过账号和密码可以浏览。通过该系统有效地形成了将教学、评估和课程设计相关联的以证据为基础的成果:

(1)提供了更大程度的一体化教学与学习之间的相关研究;

(2)更好地分享整个大学创新教学实践;

(3)在一个熟悉的网络系统上,学者可以便捷的建构一个简练教学组合;

(4)实现了教与学标准化的推广与应用,从而提高了工作效率和透明度,学生可以根据质量与需要选修,学校的教学管理与质量评判更客观。

3.5.4 同侪教学观摩

为了促进教学质量的提高,促进教师平等真诚地交流教学经验,都柏林大学构建了同侪教学观摩制度,这是一个教学合议过程,由授课教师本人或者各学院安排相同或近似专业教师对另外教师进行课堂观摩,以此对被观摩的教师提供建设性的建议,以提高教师专业职责的过程。

在许多关于提高教学质量的文献中采用"同侪教学观摩"或"对等体观察"这样的术语来描述除了校方管理部门、学生之外的第三方教学观察,是基于教师间平等的教学观摩,无论观摩教师还是被观摩的教师都会以此强化一个老师自觉的承担教学的所有职责,教师接受来自同行教师的课堂观摩反馈,包括如何规划课堂教学、教学的方法与技能、教学模块的内容设计等,所有相关的反馈建议,对授课教师是十分受益的。

为有效促进教师职业可持续的发展,都柏林大学教学和学习部的教育开发团队已经开发出一种五阶段模型(图4)的"同侪教学观摩"开发工具软件,帮助教师不断地反思教学实践,提高教学质量,丰富系统的教学理论,也可用于生成精彩教学示范验证的证据。

同侪教学观摩所产生的所有数据,都会严格保存在被观摩的教师网络空间,以丰富和提高他们的教学素养。

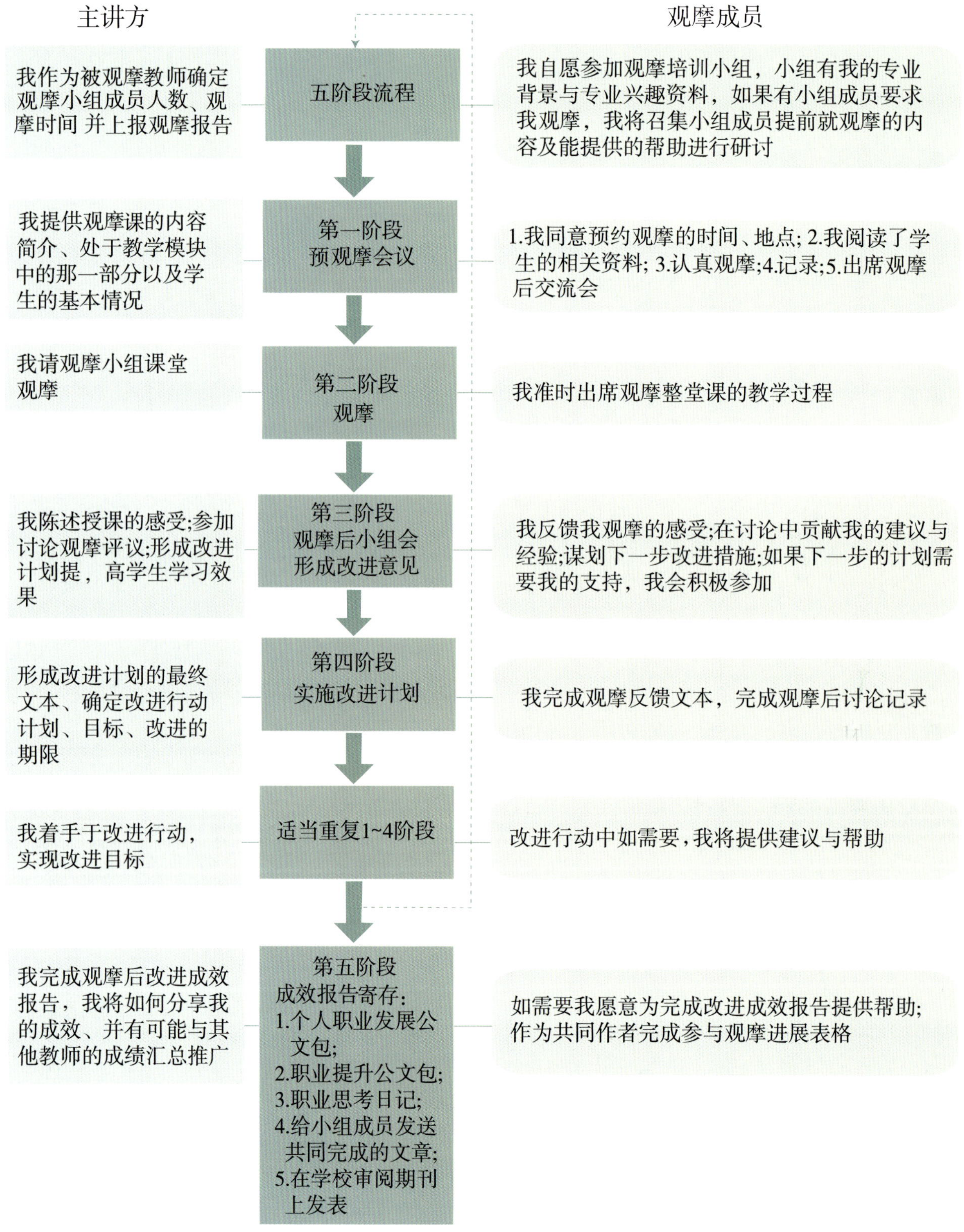

图 4　都柏林大学真诚的同侪教学观摩模型

该模型构建了主讲方和观摩方平等交流和共同提高职业素养的程序，观摩资料也保存在被观摩方自己手中，对被观摩方今后职业信誉不会有任何影响，观摩的结果也不会传到管理者手中，因此不会因担心影响进步而拒绝观摩，反而会提高被观摩教师的教学水平，开启了同事间相互支持与帮助的途径。

3.5.5 职业发展工作坊

都柏林大学教学部提供了一系列全面提升教学质量的研讨会。教师可以查看教学技能培训活动及研讨会日程表，若确定出席研讨会可以通过电子邮件注册预定。教学部根据各学院各系教学的需要安排了足够数量内容的研讨会，如果你感兴趣的内容没有被列入，你可以通过邮件提出建议，教学部会予以安排，每次教学研讨会一般持续半天或一整天。

3.5.5.1 常规研讨会

1. 常规研讨会的研讨内容

(1)大型演讲技巧，提供为团体演讲的实用技能指南，探索采用多种媒体和方法进行有效沟通的计划、方法和途径。

(2)小班教学技巧，探索为小组或小团体进行有效教学互动和提升学习效果的多种方法，分析小班教学容易出现的问题和困难，为共性问题提供解决问题的相关教学软件工具、设计和规划指南。

(3)教学学习指南的准备和使用，该指南并非仅仅是教学要求与说明的时间表，它是精心准备的教育策划方案，它可以促进学生为他们的学习承担更大的责任，重点揭示如何通过各种学习活动协助学生学习，并提供了提升学生学习实效的相关信息。

(4)通过同侪观摩提高教学质量，本项研讨将为参与观摩的成员提供必要的准备，实施观摩和观摩后的反馈技巧，重点在于帮助模块教学履行教学观摩。

2. 教学工具包

针对上述各项研讨内容，教学部都会提供相应的教学工具包。教学是一个复杂的过程，不是教师们与生俱来的认知能力，因此通过培训和研讨可以提高他们的教学技能和效果。这些研讨和培训主要是为有兴趣更新知识，致力于教师职业发展的教师而设计的。上述相关的研讨内容还可以进一步细化为：

(1)评估　研讨如何对教师教学与学生学习的效果进行评估，对教学过程中建设性的联盟与合作方法进行评估，以此设定更全面的教学过程。教学部通过网站提供教学质量评估的全面信息。

(2)编制教学计划与内容结构　介绍授课计划、课程模块的结构组成与教学(实验)团队成员组成。

(3)授课　概述有效沟通的授课技巧。

(4)板书　介绍黑板的有效利用，以及如何在虚拟学习环境中更有效地利用 IT 服务提供的课程链接。

(5)了解学生如何学习　介绍教师在课堂上如何理解学生的学习方式、学习行为、认知能力和知识的构建等；学习心理理论和应用。

(6)收集教学反馈意见　收集教学反馈的意义在于如何使用这些信息。这部分还将研讨如何有效自我反省，如何有效地分析学生评教和同侪观摩等引导性的资源。

(7)反馈实效　各种反馈可以提供建设性意见，分析优点和不足，对于积极而有效的改进教学质量和强化教师专业生涯，具有强大的正面效益。

(8)自主学习　探讨以学生为中心的多种灵活的学习方式及效果，涉及互联网教学、课堂上不断变化重点的技巧、理论与实践等。

(9)小组教学策略　探讨三五成群的小组教学的有效策略与应用。

(10)大组教学策略　探讨可以应用于较大学生群体教学，激发学生参与的有效资源、策略和技术方法，以及如何有效进行评估等。

(11)同侪教学策略　探讨同行教师如何有效分享教学经验和案例及其他教学资源。

3.5.5.2　教学模块设计与优化

这一部分将帮助教师设计有利于提升学生能力的教学模块，确保教学模块的设计是鼓励和激发学生的专业兴趣，并能与教学质量过程管理相结合，而不是单纯的照本宣科和教条化的考试，阻碍学生职业兴趣的拓展，这是现代高等教育教学发展的关键所在。都柏林大学作为一所研究密集型大学，最重要的是，在教学中始终向学生灌输批判性思维能力，目的是培养在未来成为行业发展的领导者。

1. 教学模块的设计

(1)教学模块实施中的有效激励方法　通过对教学和学习的系统研究，已经有四个有效鼓励学习的重要因素在模块的设计中明确予以体现。当代著名教育家比格斯在 1989 年的一项研究中，确定以下 4 个因素是通常用来鼓励学生学习的关键方法：

①有激发性的语境。这一语境来自于与教师与学生的有效沟通，学生都明确地给出了他们的学习期望是什么；为学生已经完成的功课提供足够的反馈，以使他们能够判断他们正在做得有多好；大学里的学习应被看作是与职业或社会发展相关的，例如教与学的过程中应与现实生活中真实的问题或议题相关联；学生对他们的学习已有的投入是什么，以及如何在课程的选择中使他们的投入更容易见效；学生要有时间建立学生自助团体；教师应该采用规范化、常态化、高质量的教学。

②学生参与提出问题、探索问题的活跃度。教学首先应当让学生确定自己缺乏先验的专业知识，然后尝试在回答问题和解决问题的过程中应用新知识。

③与其他学生进行专业知识的交流程度。教师应当创造条件，经常让学生进行知识互动：让学生不得不一起完成一些功课，在课堂上向老师提问题等。

④教师应当为学生构建良好的知识库，让学生们通过大学的学习获得连贯的知识积累和专业的逻辑思维能力。

(2)教学模块实施中压制学习兴趣的方法　根据图希(1999)的研究，与上述 4 种有效鼓励的做法相对应的压制学习兴趣的教育模式，应当引起注意：

①时间应力，即通常繁重的工作量、长时间的授课、“过度”的课程材料或者强调涵盖了整个教学大纲的内容。

②评估制度，例如不成比例的奖励、低水平的教学或者因评估导致的“过度”焦虑。

③在各类课程中学生缺乏自主选择权。

④导致消极的或愤世嫉俗的“教师或部门的偏见”。例如有的教师或大学的教学管理部门认为“学生本身并不可信，需要进行控制和监视；认为学生无能力主动投入或管理自己的学习。”

上述观点过于强调学生遵守规则和学习期限，容忍教师缺课或无法按课程安排授课；考试常常被用来评判学生对知识的掌握，或者用所谓“深奥的知识”将学生划分为三六九等；评估变成了行政要求或为行政工作人员方便，而无视对学生培养质量的影响；学生提问或回答错误常常有带来嘲讽和羞辱的风险。这些都是违背教育的根本理念的，是犬儒主义的表现，应该在高等教育中引起重视。

(3)高质量教学模块实施中的关键点　在设计一个教学模块时，教师需要牢记以下 3 个关键点：

A. 良好的模块设计能够获得有效的学习效果。

实践最佳模块的六个黄金法则：①确保在教学成果评估中适当组合精确和不精确指标；②避免在模块化或程序上过于要求教学成果的产出；③在考核模块效果时使用最小的可能数；④确保在评价模块教学效果时应与教什么，怎么教，为学生规定了什么功课，如何标记这些功课等相匹配；⑤学生学习成效分析应包含大概的和精确的两部分；⑥对教师教学质量评判应把模块教学的结果作为一般的绩效指标，而不是明确门槛类的指标。

B. 评估制度应该建立在有明确奖励依据的基础上，这是十分关键的。因此，我们应该学习在网站页面上的评估。

评估推动学生学习。这意味着我们可以通过设计合理的评估，以驱动特定类型的学习要求，例如深学习。深学习涉及把批判性的分析理念与已知的概念、原理和经验相联系，从而深层次地理解和记忆知识。深学习与表面学习相对应，表面学习往往是枯燥的，其动机往往是满足于老师的要求，而对可能的应付失败感到恐惧，深学习则是积极而充满兴趣的，可以实现知识量的积累，通过有效的记忆并储存，必要时可以灵活运用，在抽象和现实之间理解世界知识的演绎。我们可以通过评估，推动学生知识属性的发展，例如团队精神、创造性思维、信息素养等。大学网页上提供了设计、开发和审查评估的相关资源，这些资源包括评估实务指南、评估样本、案例研究材料、都柏林大学的有关政策和程序，并公布了国际上良好的评估实践和研究。

C. 教师的教学方式、自我评估方式和教学模块设计都应该采取建设性的校正教学效果。

好的教学模块的设计应当与现有的评估原则相匹配，教师同样需要运用洞察力收集相关资料，让学生更好地丰富其学习经历，利用这些见解设计好你的教学模块。出于这个原因，建议教师关注如何收集学生反馈。

通常都柏林大学收集学生反馈是在一个模块完成的末尾使用标准化的在线问卷调查，模块协调员会依据学生评价标准的体制与办法，建议教师考虑选择适合自己个人的方式，在学生

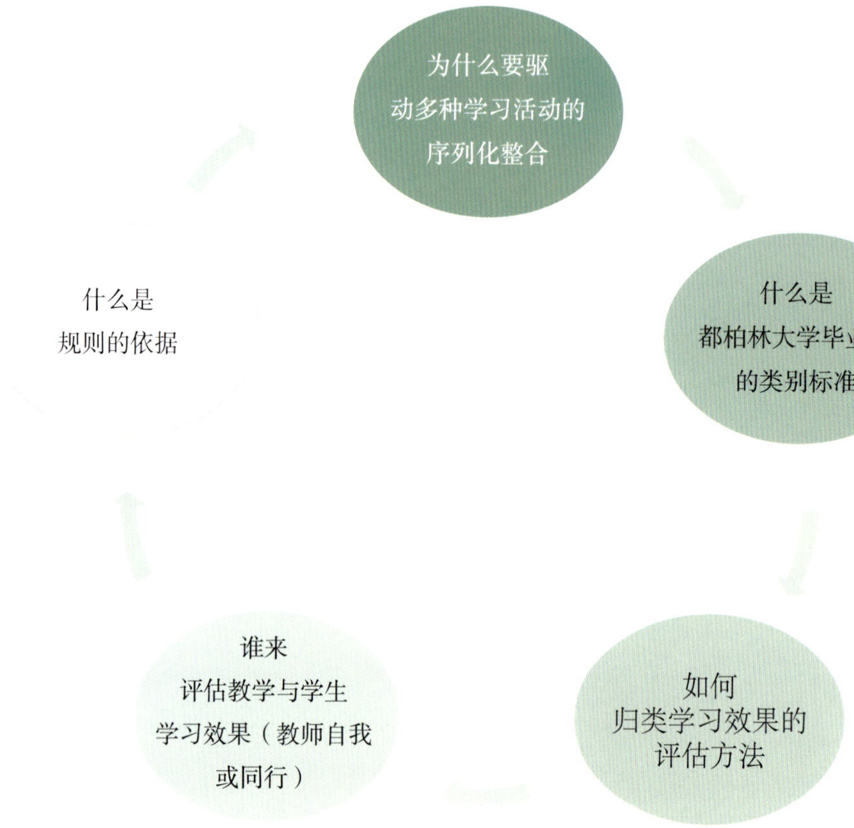

图 5　学生学习效果的评估示意图

适宜的学习过程中、用适当的方式收集有用的学生反馈。为了避免调查疲劳，建议在标准模块调查时间表之外不要进行其他的反馈调查。收集学生反馈的其他资源，教学部都设有专门的网络链接。

这些资源有两种类型：问卷调查和调查问卷的替代品。收集学生的反馈最常用的方法是问卷调查，它是简单而廉价的方法，能产生出色的数据，易于标准化。

需要注意的是表面化的标准化评估很容易将问题引向歧途，就标准化而标准化是很容易做到的，但是基于让每一个学生个体理解掌握知识，以多种形式主动灵活地从学生中获得反馈，而实现优质教学标准化是不容易做好的，而且在不同的社会文化背景下对不同教学模块、不同课程体系、不同的教学计划做比较时，评估标准差异性问题更容易被放大。

学生学习效果的评估示意图如图 5 所示。

事实上在教与学的实践中，标准问卷的使用成效非常有限，因为对于问卷调查学生往往没有给予足够的时间进行有效的思考和充分的讨论：①学生往往过分强调自己最近有关的模块或课程的体验；②学生最近的某模块学习经验往往对更广泛的模块下教学制度有不恰当的影响；③学生近期学习经验往往对毫无相关的模块产生不恰当地影响；④问卷回答往往没有经过思考和反省或者讨论。上述针对问卷调查的局限性教学管理部门和教师都应引起重视。

相比之下，“选择性调查问卷”往往会产生更丰富并经过思考的数据。

已经证明有效的方法包括：

A. 教学模块中的问卷

其做法是：教师在学生进入教室之前将问卷表放在每个座位上，同时用投影或者挂图或在黑板上板书出来，学生入座后，请学生完成问卷，教师无须解释；随后正常授课，期间学生可能有新的信息或想法填入表中；如果可能的话，最好安排5分钟2～3人一组的课题交流，讨论彼此针对问卷的答案，随后回答在卷子背面的相关问题，下课后请学生留下卷子。请注意背面的问卷，那是经过思考和讨论的内容，一定要认真分析。同时要注意尽管是无记名问卷，但学生们一定会猜想你会认出他们的笔迹，因此在试卷设计上尽可能让学生消除疑虑，最好的办法是下一学期一开学，你能让学生给予反馈，告诉他们你教学上发生了哪些变化，解释那些你不能改变的原因。这是最有效地试卷调查，能很好地帮助教师提高职业水平的。好的问卷调查教学管理人员、IT管理员、你的同事以及图书管理员都有兴趣分享，因此注意问卷的称谓尽量用“我们”而不要仅用“我”，这样同时意味着为学生提供学习服务的范围在问卷里予以扩大。

问卷背面中重要的内容应该包括：完成以上问题后，据你所知在该模块的学习中影响授课效果最主要的影响因素是什么？请写出本课程学习授课中今后应保持的三个好的特色是什么？请写出本课程学习授课中今后应予以改正的三个不好的特点是什么？如何进行改进。问卷之后教师应该详细写出改进计划。

B. 写信给已经毕业的学生或已经转移到另一个模块学习的学生，征求教学质量反馈。

下面的这一封信是由都柏林大学的一位教育咨询顾问 James Wisdom 提供的一份样本：

亲爱的(毕业生或学生姓名)：

我写这封信给您是由于您已经在都柏林大学完成了____________模块的学习，而我们正在做关于该(模块/课程/阶段)教学经验评估的调研工作。作为已完成这一个(模块/课程/阶段)的学生，您的意见尤为重要。我真诚希望您能抽出几分钟的宝贵时间完成这个问卷调查。您的回答会帮助我们更好地确保以后的学生获得最好的教学质量所需的有用经验，从而保障都柏林大学的良好声望。

这个问卷只有五个非常具有开放性的题目。请根据这些问题对您学过的(模块/课程)尤其是你认为重要的任何问题做出评价。你的回答将会是保密的，并最终整合成报告提交给设计、教学和管理该课程的有关人员。

如果您能在两周内提交你的回答，我会非常感激。

请允许我提前表达对您花时间回答这些问题的感激之情。

祝愿！

(评估员)

问题一：根据您参与这个课程的整个经历，最让您满意的是哪一部分？

问题二：根据您参与这个课程的整个经历，最让您不满意的是哪一部分？您对改变这一现象有什么积极的建议可以提供给学校？

问题三：这个课程的哪些内容对您的工作和事业帮助最大？

问题四：根据您的工作经历，为了满足将来学生的需求，我们是否需要考虑改变和发展这个课程？哪些方面？

问题五：为什么您决定选择这个课程学习，学习这个课程对您的事业发展产生什么影响？

注意：我们对以下内容非常感兴趣，只要是在您学习这个模块/课程时，任何事情、任何方式影响了您的学习，希望你能提出宝贵的意见，我们非常欢迎。

· 您作为学习者的经验；

· 这个模块/课程的内容、结构顺序及可供选择的水平；

· 支持您学习的环境和资源；

· 教学管理和组织的质量；

· 您的预期是什么，在您的学习中各个方面有没有达到您的预期。

C. 针对观摩教师的问卷

从模块授课的学生那里获得教学反馈的同时，从你的同事进行课堂观摩时获得问卷调查同样很重要。其问卷一般分为 7 部分：

第一部分是注明课程模块的名称、观摩的时间等信息；

第二部分是模块内容组织方面的调查，主要包括对授课内容结构的合理性、与其他模块关联性、理论与实践及专业作业的平衡与协调、评估方法的适宜性、不同课程组件时间搭配合理性、课程内容的连贯性等进行评价；

第三部分是授课可以获得的支持资源，包括对授课与辅导的专用教室情况、图书馆设施、实验室、仪器与装备的质量、教师办公室及办公用具、教师个人的设备、与学生讨论的情况等进行评价；

第四部分是学生的行为表现，对学生的出勤与守时、提交作业、准备与预习、对学生的总体评价等进行评定；

第五部分是对课程指导委员会进行评价，其内容包括：课程指导委员会日常工作、课程指导委员会与教师的沟通情况、课程指导委员会是否负责的给予建议、课程指导委员会每周对本课程模块的时间投入情况等；

第六部分是院系管理的成效评价，包括教与学等学术工作领导力、规划情况、行政管理、资源的提供、支持员工学术发展与培训、对课程指导委员会的责任与建议等；

第七部分是总体评价与建议，包括优点与缺点、改进建议等。最后是表达致谢。

上述调查评判分不可接受、可以接受、好、非常好等 4 个等级。

已经证明的问卷调查的有效替代品有：

A. 结构性小组反馈会议

通常是由第三方召集正在学习的部分同学对教学提出反馈意见。首先要确保学生们消除顾虑，确保每一个学生都有机会陈述其看法，确保学生们有时间就他们相互的评论进行思考，预防滔滔不绝或有攻击性的发言干扰小组讨论，阻止少数极端的意见。小组研讨前每个学生就教师授课的优缺点、课程内容、教学环境与设施等完成表格，然后组织者提出明确的问题，请学生分析问题的原因、产生的结果、解决的办法与措施，鼓励大家讨论，写下关键点便于后面的讨论，这一环节 5～10 分钟。之后每 2～3 人一组就某一话题的讨论结果进行比较，找出相同观点的部分，这一点十分重要，这一环节 5～10 分钟。接下来 4 人或 5 人或 6 人一组，根据重要性对相同观点的部分进行排序，请一组进行发言，其他组可以根据发言修改本组的讨论结果，这一环节同样要求在5～10分钟内完成。注意小组人数2～3人的环节如果他们羞于发言而保持沉默，可以直接合并小组，但超过6人，嘈杂的秩序将难以控制。最后也是最重要的环节，每一小组必须说出他们最重要的观点，同时组织者在黑板或幻灯上做记录，记下所有观点，各小组可以将整体讨论的结果与各种小组最初的结果进行比较。会议时间一般为45～90分钟，这种讨论可以获得教学效果真实客观的意见。

B. 群体名义法

属于团体性访谈，可以由教师本人或第三方组织学生访谈。尤其适用于院系用来识别和归类教学中需要解决的主要问题，该访谈给每一位参会者平等发言的机会，同时确定下一步应该改进的工作。其操作步骤是：①要求学生提出重要的共性或特定的问题；②每一个成员都需要写下对这一问题的看法，各种看法按其重要性排序，这一过程不要超过10分钟；③将所有成员分成6～10名一组，指定好组长，小组将每个人的意见讨论后按重要性排序，此时尚未真正开始讨论，也不要出现任何的批评意见，此时每个人同样可以补充观点，但注意不要对彼此的观点进行讨论，其目的是汇集更多的议题清单，这一环节约需要45分钟；④每组的小组长带领大家对每一项看法进行分析，确保大家都能完全明白，这一环节也不要讨论，理顺的过程中允许为了更清楚的表达而修改观点；⑤同一组每人列出5个最重要的议题，1个次要议题；⑥同一组将每人的问题以积分的形式排序汇总，选出最重要的议题；⑦各组经讨论向全体会议成员汇报重要的5个议题；⑧全体会议经上述投票的方式排序汇总议题中最重要的5个议题，同时各组将全会结论与小组结论作比较；⑨入会者要求尽量为未来的行动集思广益，通过记录最好能得出结论。

C. 焦点小组讨论

该方法是研究方就特定的时间、特定的或假设的问题组织学生集中进行讨论并获得结论，组织者适当地参与讨论和评判。这种集中讨论的主要目的是组织者可以在讨论过程中获得学生们对问题的态度、感觉、信念、经验和反应，而这些通过简单的面对面的交谈、问卷调查或者观察是做不到的。该方法的关键在于是有组织的进行讨论，这与上述两种方法有本质的区别，群体名义法的团体性访谈是为了获取数据资料，而焦点小组讨论是基于给出的问题，观察在讨论中的小组内的各成员的相互反应，相比较群体名义法的团体性访谈，该讨论更容易标准化。

在评价教学质量、模块、课程与方案的设立等方面焦点小组讨论十分有用。例如对某一现象的假设无法解释的时候，我对于特别棘手的问题需要获得解决方案；为进一步改进教与学的效果形成学生的建议等。该方法同样可以深刻地洞察学生的视角，观察学生之间是如何相互的影响，探究针对给出议题回馈的一致性程度，为应对潜在的教学质量变化而收集学生的意见，以及对已经发生的质量变化收集学生的意见。

该方法的具体操作是：参加人数一般为6～10人，有些议题研究者可以组织几个平行组以便于比较，然而对于教育质量的评估最好是一个组，同一个组可以组织多次的讨论，否则与结构性小组反馈会议就雷同了，需要注意的是在选择地点尽量是中性的场所，避免过于积极的或消极的场所对思考的影响。

富有技巧的主持人会使该讨论的功能更有效，主持人的责任是确保小组成员明确讨论目的和目标，创造轻松的环境与氛围，促进有效的讨论。主持人承担角色职责的方式包括提出开放式的问题，对于特别有建设性的观点帮助其理清思路，细化或例证，疏通卡题，纠正偏题跑题，保持对议题的集中讨论，确保人人发言等。另外，组织者一定要保持中立，不要按自己既定的结论引导讨论。

不可否认，无论来自学生还是教师同行的反馈信息都是具有启发性的，都会对教师的教学生涯和教学质量的提升起到很好地促进作用，这也是都柏林大学发展模块教学战略中的组成部分，都柏林大学教学部将每一位教师的教学网页对本校教师开放，便于交流和学习。针对上述收集各种教学反馈的方法，教学部将提供所需要的技术帮助（电邮 teachingandlearning@都柏林大学.ie）。

2.教学模块的优化

要做好教学模块，首先要对教学模块有充分的理解，好的教学模块首先是实现优质的教学，更好地丰富学生的知识。模块化教学是让教师和学生都能知道什么是最好的教学，什么是我们为提升教学质量必须做出的调整。其次，好的模块化教学可以对教学质量进行有效地评估，能及时有效地应答教学评估与反馈，及时掌握学生在培养过程中（模块运行过程中）专业能力的发展程度，了解学生自身学习投入的水平。模块化教学还可以使校方和初学者很好地了解模块的内容，使管理者清楚学生对知识的理解程度，促进教师和学生之间的互动。

各学院的模块协调员（一般本科和研究生各 1 人）对模块运行的质量高度负责，为了确保实现模块的预定目标，他们会对教师和学生进行如下调查：①从你的角度，你认为模块教学中哪些方面是令人满意的，理由是什么？②在该模块教学中哪些方面对你未来的专业有帮助？如何帮助你致力于未来职业？③教师如何根据自己的模块设计完成好教学，并清楚地表达什么是要教授给学生的，教师如何让学生知道他们未来要达到的学术水平；④教师是如何有效地设置学生的工作量，学生与教师交流接触的时间、范围和考核时间等；⑤教师给评成绩的等级如何划分；⑥教师是如何确认你的考核能有效促进学生的学习，并测试学生对知识的掌握与理解程度；⑦学生对学习过程的反馈是什么。

所有课程模块的设置与优化需遵循都柏林大学模块教学总则，即大学条例，都柏林大学条例对本科生、研究生的模块化教学有详细的规定，通过模块化教学实现教师教授、学生学习和教学质量评估的有效整合，模块教学的学分按照欧洲学分转换系统（ECTS）来计算，每学分 25～30 学时，更加强调学生自身努力获得知识，在模块学习过程中，学生要通过参加教师授课，教师主持或学生主持的小班研讨，实验室试验时间或工厂实习等过程来完成某一模块的学习，本科生一个标准模块是 5 学分，最大可以到 30 学分一个模块；研究生的模块可以是 2.5～20 学分。学生所有的学习工作要通过作业或项目所投入的时间与质量予以体现并予以评估学分。都柏林大学条例共 7 章，包括总则、科研型硕士学位管理条例。哲学博士学位管理条例、医学博士学位管理条例、护理与妇产博士学位管理条例。管理博士学位管理条例、兽医博士学位管理条例，条例就不同类型的学生培养过程中的入学资格、模块教学学分与考核、学期与学习工作量、奖学金与项目、学习补救措施与连续学习、管理与评估、本科向研究生转换、硕士向博士转换等都做了详细规定，自 2006 年以来，都柏林大学学术委员会对大学条例不断进行修改和完善。

都柏林大学教学模块优化有专门的项目予以支持，范例如下：

项目名称 艺术与凯尔特研究学院与人文科学学院模块增强项目

项目团队成员 墨菲、雷德蒙、摩尔、努南、阿奇博尔德、亚历山德拉

合作者 社会科学学院院长乔·布雷迪、艺术学院院长苏珊娜·奎恩

资金来源 战略创新基金Ⅱ

时间表 2009 年 2—6 月

研究背景 2008—2009 年度都柏林大学主动实施了一系列的模块增强项目，目的在于提高教育质量。模块教学设计中的学术同行评议是发展和维持高质量的教育教学标准和高水平的学生学习的实效重要手段。模块增强项目就是在教育绩效性能指标的基础上，作为一个前瞻性的手段建立和维护内部质量标准。

研究目标 确保参加本项目的 17 个系，涉及 5 千名学生教学的模块教育质量。要利用同行评议，设计 874 个教学模块运行的有效质量标准，进一步全面评估大学质量改良的有效性。

研究方法

①所有 17 个系提供的对各模块的描述和统计数据公文包；②每个系举行会议审阅来自学生和校外专家对模块的审核报告，并进行修改；③要求各系在适当的情况下重新审阅起草模块时描述的专业指南，并运用数据资料指出模型将来运行中可能出现不合规则的部分；④经改进的模块在系层面上讨论后，系领导向模块优化团队提交审阅报告；⑤模块优化团队分别与各系领导举行研讨会；⑥以下三个专业指南交付各系领导：a. 模块优化指南，b. 学习效果分类标准指南，c. 评估类型。

研究结果 课题组审阅各系领导报告，对 874 个模块进行了审查评估，各系对模块进行了充分讨论。学生跨学院注册各个模块的人数有显著增加，原来第一年在不同系相似学科领域使用的类似教学方法的模块往往被大型讲座替代，而大型讲座的授课高效高失败率相关性因素目前正在审查中。在对学习成效进行分类时，与其他分类法相比较，布鲁姆分类法更频繁地得到使用。有证据表明已经形成了很多高品质描述模块的术语，模块协调员明确了定期进行评估和修订规则。

下一步的工作 大学其他系的教学模块品质改进过程将进一步展开；全校范围的年度模块优化评议将展开；进一步发展 IT 系统使之运用于收集整理各类模块运行反馈，完成模块优化报告的性能指标。

3.5.5.3 教学创新

在教师工作坊当中，教学创新也是十分重要的内容，包括：①教师对应用心理学的学习，研讨如何将当前有关学习的理论整合进教室，以促进更有效的学习。②着眼于问题基础上的导向学习（PBL），是通过互动式的研讨会，帮助教师如何基于一个新的问题，有效的设计问题背景，以促进学生积极的学习，该研讨会还将给教师机会体验到学生视角的 PBL 教程，并介绍一般和特定学科的 PBL 实践资源和研究。③基于问题导向学习（PBL）中的导师培训这一类工

作研讨的重点是为教师提供经验与实践，以便在小班的研讨式教学中更好地发挥指导教师的作用。④思维导图与学生学习研讨等，是介绍思维导图的相关概念，以及作为认知工具如何有效地促进学生对知识的学习，提高知识的记忆唤醒，帮助发挥学习效果。

3.5.5.4 电子化学习

电子化学习包括以下内容：①开发可重复使用的电子化学习资源与活动，是研讨如何有效利用电子化手段、网络技术发展自己的教学资源，以使他们能够适应信息化教学的要求。②评估利用电子学习解决方案的实效，是探索如何利用多种电化技术实现对学生自我学习与实践效果的评估，例如利用博客日记掌握学生学习效果反馈、如何设计在线教学案例研究、如何利用这些综合的电子手段为学生呈现学习课件，或作为讨论与信息分享平台。③设计基于资讯式电子在线学习，是基于咨询式学习的课程教学团队如何制作或完善其教学模块，如何有效地回复咨询的有关概念、方法、措施与实践。

3.5.6 都柏林大学教学过程中的指导教师、助教、模块协调员

要实现好的教学效果，拥有好的指导老师和助教比拥有具有专业知识的专家更重要，由于大学教学浩瀚的专业要求，都柏林大学教授主要负责大班的课堂授课，大量的小班研讨课需要讲师、指导教师和助教承担，许多讲师、指导教师或者助教是研究生或者是研究生教学助理，他们非单一工作角色，因此教学部为提高他们的指导教师职业素养，专门开设了系列培训和实践课程，介绍有关概念、理念、技术与方法（表 1）。

表 1 指导教师与模块协调员的培训

项目	指导教师/助教	培训协调员使其明确其职责
角色与期望	与模块的协调员协商指导教师/助教的责任	讲师应确保所指导的研讨或实验与教师讲座教程相一致
	参加各类培训，并维护模块教学的网络内容更新与专业信息上传	讲师应及时与指导教师沟通，使他们更好地丰富学生的学习经历
培训	对指导教师进行一系列经认证的《指导教师培训模块》（GTA）的培训	对讲师进行 GTA 相关支持模块* 的培训，使讲师也能有效支持《指导教师培训模块》，讲师与指导教师协调提高教学质量
	指导与辅导培训会议：半天的研讨培训班贯串学校、系层面的管理原则	辅导教师协调员培训会议：重点是为指导（辅导）教师提供技能和职责培训
资源	教学工具包：重点提供小组教学所需要的信息资源	GTA 支持文件：为讲师提供的经认证的运行 GTA 模块所需要的文件
	都柏林大学开放的教育资源：包括培训课程计划，教学，评估及相关活动和资源	设计与运行 GTA 模块 学校提供发展研究生助教模块的指导，该模块的培训研究生教学助理可获得 5 学分

＊GTA 支持模块的培训内容包括：

1. 基本要求 提供咨询告诉教师如何参加行政工作、模块的制订与教学工作；如何从系的层面评估、审查、指导教师的工作。

2. 学习效果 在成功地完成了这个模块后，研究生教学助理应表现出的能力：

a. 掌握评估教学辅导材料和活动的相关程序要求，进而提升教学辅导质量。b. 提高其教学和与教学相关的技能。c. 反思大学如何使研究生助教有一个清晰的视野，以提高学生的学习经验。d. 掌握教学相关的关键理论和原则。e. 学会回顾自己的教学实践，并完成回顾报告。

3. 关联方案

4. 学生工作量设定原则(小时/学期) 教程 2；研讨会 4；实习 20；指定的学习活动 45；自学 80；总工作 151。

5. 评估策略 学生学时工作量在考核成绩中占的比例。

6. 学生考试不通过的后果 关于赔偿金和重考的规定，重考再不过即考虑重新选修。

7. 模块的相关管理 提供包括选修模块先决条件、模块要素、等效模块等信息，研究生教学助理必须参加经批准的校本教学与培训模块的管理、教学、评估和审查。

3.5.7 都柏林大学教学资源

都柏林大学教学部在网站上为教师和学生提供了网上电子资源，概括起来分以下几大类：

3.5.7.1 教学评估

指为教师和学生提供教学评估的方法、指标等资料。

3.5.7.2 规划并构建一堂授课

如何有效构建一堂授课可归纳于表 2。

表 2 如何有效构建一堂授课

项目	授课内容	授课技巧
介绍	1. 陈述目标 2. 介绍本堂课大纲 3. 介绍本节与上堂课的联系	1. 态度亲和 2. 有趣的开场(引用有争议的陈述，使用照片或剪切的 VCD) 3. 提供课堂内容结构与概述
主体	1. 描述关键点 2. 概括每一部分关键点的关联	1. 信息要简单 2. 避免太多的内容 3. 每 15～20 分钟应该有活跃点 4. 运用相关的例子、典型的例子加以说明
结论	1. 概括所引用的文献 2. 连接到介绍部分 3. 导入与本堂课题目以及与下一堂的关联	1. 按时下课 2. 考虑如何评估学生本堂课的效果

3.5.7.3 小组教学策略

在指导教师感应包(指导教师手册)中对小组教学的类型、经验、技术做了系统的介绍。手册涵盖了查询、基于问题和游戏的学习方法以及如何有效组织和强化小组教学，这些都是十分重要而且实用的内容。

查询及基于问题的学习。查询及基于问题的学习方法是提出一个问题，面对问题的挑战而触发学习热情的过程，这种学习方法已被描述为最具创新性的专业教学形式。学生的工作是组成小组对这个问题进行研讨，而辅导老师发挥引导和促进研讨的作用。这样学生通过以团队合作的方式在解决专业现实问题的过程中获取了学科专业知识，同时学生的关键技能也得到发展，如批判性和创造性思维，团队精神，信息素养和沟通技巧等。

小组教学是通过同学间的配合与结盟获取学习成果，其中质量评估查询和基于问题的学习过程也十分重要。查询及基于问题的学习不是单纯的教学技巧，它们所体现的是学习的哲理，关键是在教师的指导下，学生通过个体间的讨论形成主动性和批判性的学习方法，实现从教程学习到独立讨论和研究。在高等教育中应发展这些充满活力、富有挑战性的学习方法，创造令人兴奋和充满活力的学习环境。

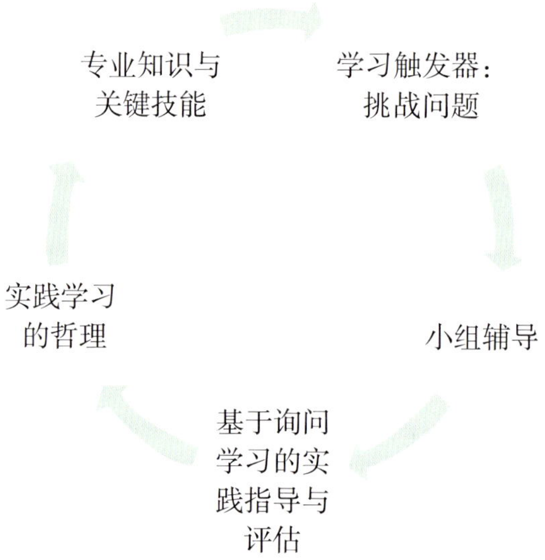

图 6　查询及基于问题的学习

图 6 显示的是查询及基于问题的学习策略中多维度教育方法，特里·巴雷特和黛安·卡什曼(2010)《查询和基于问题的学习实用指南》一书中介绍了学习纪律、案例样题和评估等具体内容，这些资源会帮助你设计和实施基于问题学习活动，提供了新思路和新方法。

在小组学习中基于游戏的学习方法十分有效，它为传统的教学策略提供了独特的新教学结构，注入能量火花和创新思维，提供了多样性的教学方法。基于游戏的学习使学生和学习供应者在一个令人愉快的学习平台上，通过鼓励创新行为和发散思维，引起热烈讨论，充分触发学生之间的学习。

游戏可以搞活教学主题，并特别有效地处理关键的概念性问题。研究表明，游戏有特殊的作用，可以建立学生自信，可以缩短对知识领悟快慢不同的学习者之间的差距(Fuszard，2001)。教学部提供的相关资料包括：《基于问题的学习从业者指南》、《查询和基于问题的学习的新方法》、《基于游戏的学习简介》、《破冰》、《基于问题的学习促进技能》、《大组和小组教学》、《指导教师师感应包》等。

3.5.7.4 大组教学策略

优质的大组教学能够有效激发学生主动学习和多层次的深度思考，通过不同的教学策略保持学生的学习兴趣。大组教学需要在一个大的演讲厅，具有相关设施装备的支持，通过讲座中的互动、积极主动的学习气氛和同侪辅导等形式，有效实施大班授课，避免传统意义的大班报告人员拥挤、学生娱乐性太强无法集中精力听课的弊端。

讲座中的互动是在讲座中穿插简短的课堂活动，例如在大班演讲中提出的概念或信息询问，以启发学生的思考，边参加互动边学习，而不仅仅是看和听。可以参考理查德·费尔德教授演示的激发主动学习的互动讲座视频：http://www. youtube. com/watch? v = 1J1URbdisYE

都柏林大学人文地理大课堂教学项目，教授采用视频、音频和IT技术制作了有趣课件，学生课下也可利用这些课件相关内容，起到了良好的学习效果。

同侪辅助指导，将大班划分成更容易管理的小组，让高年级的学生或研究生辅助、指导学弟学妹，这个过程辅导者和被辅导者以各自的角色同时受益。例如景观和土木工程建筑学院"创意设计(CVEN 10040)"本科模块，和对应辅导的研究生模块"创新领导(CVEN 40390)"，这两种模块结合起来同时在本科生和研究生的教学与辅导中应用提供了高年级与低年级相互辅佐的主动学习的机会，培养学生的观察能力，解决问题的技能和横向思维能力。

3.5.7.5 大班教学质量评估

基于质量管理的需要，必须建立可靠地有效的评估，其意义在于有效协调和管理好质量反馈与评估。大班教学评估是通过对大班评估进一步激发深度学习，避免表面化的肤浅学习；评估学生的个人网络上线学习和学习质量反馈，评估学习中的问题是否及时得到指导教师(经提前准备的标准化模板)回答，促使大班教学同样可以提供高品质的教学；公正地评估大班多样性背景学生的学习效果；协调并管理好指导人员(高年级学生或研究生)；避免大班学习中的抄袭。这些评估内容都有相关的经认证的程序予以支持，详见大班评估有关资料。

3.5.7.6 大班教学的技术支持

大班教学过程的管理问题、学生参与问题以及评估与反馈等，都需要技术方面的支持，例如无线话筒、答题器、虚拟实验室等。

答题器，也被称为学生或观众个人响应系统(SRS / ARS / PRS)，是小型手持手机，学生可以用它来响应由讲师提出的问题。问题通常是选择题的形式，学生通过选择适当的选项予以回应。学生参与度与设备故障率都可以通过PowerPoint图即时显示，相关装备与技术同时可以应用更多程序和资源。

虚拟实验室，利用视频技术与多项选择评估软件相结合，甚至在某些情况下，代替物理实验室。在适当情况下引入虚拟实验室，可以在某种程度上弥补实验室资源相对不足，满足不同能力学生的上机实践。工程与农业类虚拟实验室已部分取代了实际实验室，例如都柏林大学雅基耶(2011)构建的虚拟实验室视频剪辑已经被用来加强兽医系学生的教育。

3.5.7.7 教师授课技巧

照本宣科"满堂灌"的授课方式是百年来主要的授课方式(Swanson and Torraco，1995)，教师从书本或教案读取已经准备的材料并进行口头解释，学生难以产生兴趣，从而分神或产生学习惰性，因此这种教学方式是过时的或者是无效的(Edlich，1993)，现代教育更希望教师的教学是充满活力的，能够激发学生主动学习的能力，与学生一起完成教与学的过程，而不是仅仅宣读讲义或者根据幻灯片的提示而进行解释(McIntosh，1996)。

提高授课效果的非语言技巧见表3。

都柏林大学教学部专门设立了媒体课程工作坊，每学年开始时教师和从事教学辅导的研究生可以注册学习，每班不超过8人，为教师和研究生进行网络课程制作技能培训，6天的两门核心课程学习，按照学习标准完成后，经考核合格获取资格证书。

其他技巧包括：

①以谢意克服授课中的焦虑；②预测教学环境；③认真计划好每一堂课；④在课堂上综合运用其他教学技术；⑤组织好每一堂课依据认证的原理与结构；⑥适时运用视觉辅助手段；⑦善于即席脱稿；⑧尊重学生的反应；⑨多种途径寻求教学反馈等。

都柏林大学教学部在网上提供了教学技巧资源库，供员工参考见表3。

表3 提高授课效果的非语言技巧

与学生的互动	· 语言要适度的间歇停顿 · 确保有效捕获学生的兴趣与注意力 · 得到学生的认可 · 鼓励学生参与和提问 · 与个别学生交谈 · 尽可能经常使用学生的名字	非语言的暗示	· 建立眼神接触 · 微笑和自信 · 身体位置左右移动和与学生互动，避免总是阅读教案 · 随时留意观众的身体语言
授课过程	· 口齿清楚 · 不要着急，注意放慢速度 · 关键点使用停顿和强调 · 变化音调音色 · 强调的内容使用手部动作 · 展示出对话题的热情 · 如果有必要可以使用麦克风 · 使用各种视听媒体 · 注入幽默的素材	应避免的事件	· 总站在一个位置或遮挡屏幕 · 跑题 · 过激行为(运动、热情、手势等) · 重复的单词或短语 · 使用口头禅(如"嗯"，"呃"，或"你知道") · 过于依赖使用幻灯片 · 按幻灯片逐字阅读 · 艳俗的配色方案，分散注意力的嘈杂声音或视觉效果不佳的幻灯片

3.5.7.8 关注一年级学生的博客

伴随智能手机和iPAD等数字媒体技术在大学生中的广泛应用，都柏林大学制作了大量的音频广播、视频、PDF、EPUB文件，通过网络随时在校园区域在线传播教学过程中的质量细节，提升教与学过程中的质量意识。都柏林大学教育战略也明确指出为满足学生读大学的目标与期望，要在入学一开始，实施早期学生学习干预行为，以确保学生培养质量，并推动大学水平的不断提升。都柏林大学以及国际上的教学质量研究表明，一年级大学生能否形成积极有效的学习行为，对于能否成功地完成好大学学业十分关键。学生在一年级通过博客与学校的信息互动大大提升了教学质量。这些内容涵盖模块化教学过程、同侪辅导、评估、实践教学等。大学一年级的博客内容涵盖了以下十个环节：

第一环节　我们既然得到他们，就要为他们去做好教育。这里涉及很多新的现代大学的教学理念与技术措施，包括如何通过模块化教学过程实现优质大学教学，使不同学科大量的数字媒体资料可以浏览。（相关的参考资料来自于都柏林大学教育发展战略）

第二环节　同侪辅导。同侪辅导可以使学生很快从中学过渡到大学学习生活，都柏林大学教学部网站大量同侪辅导技巧的视频与音频资料供学生们查看。

第三环节　第一年的评估。为了有效激发深度学习，都柏林大学专门从战略创新基金中立项研究第一年的质量评估，开发了系列网络评估软件，评估与考试相结合激发学生的主动学习，考试只是驱动学生学习行为的力量，为了使学生远离仅通过终端考试驱动的表面肤浅的学习，更好地激发学生富有兴趣积极思考的深度学习，都柏林大学成功开发设计了第一年学习质量评估的网络综合资源系统。

第四环节　网上足迹。上述种种教学过程都有来自于不同学科的管理者、授课教师和高年级的同学发布的有代表性的视频与音频信息，这些资料以网上在线的方式供新生们浏览，告诉新生如何有效地完成好深度学习，做好学习质量的考核与分级。

第五环节　专业实践的发展技巧。这一环节要解决的问题是一年级学生如何能最好地准备专业实践，特别是与社会、企业交往。学生进入专业的职业角色，需要告诉他们如何利用专业服务于大众，如何使自己的专业技能胜任于工作需要，这一环节将特别侧重于模拟工作环境中所扮演的各类角色，使大学生第一年进入专业相关学习就能够认识到提高专业工作所应具备的能力。

第六环节　从入学第一天开启未来事业和发展。都柏林大学职业发展中心招聘出色的研究生或专家，向大学生提供博客咨询，帮助大学生有效规划每一天的大学生活，每一天都让大学生的个人期望在实际的角色中实现，以实现他们长远的抱负。

第七环节　可持续的学习小组（团队）项目。建立学生学习小组工作室制度是“创新设计”模块的一部分，尤其是工科学生，所有一年级大学生的核心模块都是组建学习小组，以这种可持续的方式促进学习。

第八环节　让学生拥有科学思维能力。都柏林大学教学部要求各学科教授们以专业的科学方案为素材，通过制作数字化的视频、音频、文本网络资料，介绍科学的理念、原则、途径与方法，并通过一个教学模块提供给相关专业的一年级学生进行选修学习或浏览。该模块涵盖专业关键技能的讲座、专业工作坊和小团体活动等内容，以促进大一学生发展专业兴趣，鼓励学生从大一开始就积极与学术人员沟通与合作。

第九环节　以学生为中心体现教学成效。无论是以讲座、教学模块或学习小组的形式，在考察和分析教学效果时，都应以是否有效支持和促进学生的学习为出发点。这一部分同样有大量的电子化案例供浏览。

第十环节　六种方式吸引学生参与与反馈。杰拉尔丁·奥尼尔博士认为，我们正逐渐远离了可追溯的方法，需要重新思考反馈的定义，更应该致力于帮助学生提高自己的判断、自我发展与自我监督的能力。都柏林大学正着眼于如何有效地提升学生的自我监督与评估的能力，在学校博客中引用一些案例研究。

大学一年级学习成效评估的6条原则见表4。

表4　大学一年级学习成效评估6条原则

1. 在可能的情况下为学生提供机会定期对自身学习成效予以评估与反馈	4. 个人评估可以考虑重新设计学习模块的先后序列，包括运用自我学习和混合式学习等有效的学习方式提高学习成效。
2. 评估的标准和原则可以以班级/或高年级同侪辅导所提供的。	5. 更多的引入主动完成学习任务的自我评估元素，包括从学科兴趣与纪律约束的角度更真实的评估。
3. 支持学生经常性通过(同学间小组式协作学习、学习工作小组和学习项目等)多元学习结构进行学习效果评估。	6. 结合考虑在学习模块中各自学习工作量进行自我评估。

在第一年的自我评估模块设计上，一开始时需要注意以建立学生学习信心，少一些硬性指标为原则，逐步改变为更具挑战性的自我学习成就评估。此外，也需要学习小组、工作小组或学习项目等学习社区评估学生实现小社区学术水平整合成功的学习经历(尼科尔，2009)。

基于大学一年级教学质量评估信息反馈与互动来自于教学部管理层、教师和学生多层面，都柏林大学教学部网站提供了大学一年级学习效果评估的相关资源：

(1)大学一年级评估模块设计的原则和做法，包括一些代表性的、综合性的例子。

(2)大学一年级评估的战略重点和关键问题，详细阐述了系或年底模块设计在第一年评估阶段实施的一系列行动原则和建议。

(3)基于都柏林大学大学一年级评估五类典型案例分析，提供了模块教学设计的详细说明。

(4)基于对教师教学工作量和学生学习工作量的评估，鼓励师生走到一起，讨论和设置工作量评估等效准则及相关案例。

3.5.7.9　电子虚拟黑板

电子虚拟黑板是都柏林大学教学部为教职员和学生提供在线学习服务的虚拟学习环境(VLE)，鼓励学生更深入的学习方法，提高提升学习实效的学习经验。IT服务的网站上可以找到更多培训课程和提示信息，通过观看虚拟黑板快速入门视频，员工和学生可以使用和维护“黑板”网页。黑板IT服务已经发展到协助教师或学者了解学生如何学习、收集反馈意见、给予有效的反馈，并帮助学生自主学习。

3.5.7.10 了解学生如何学习

学习是知识的构建过程，尽管我们很难直接的解释或发现其过程，但仍需要教育工作者去研究，以更好地指导教学过程。都柏林大学教学部注重这方面的研究并将信息与教师共享。相关的研究成果包括：

学生如何学习 1：介绍学习过程三个主要理论方面的概念、大纲和主要内容。

学生如何学习 2：介绍行为主义的理论及与课堂教学的相关性。

学生如何学习 3：介绍认知主义的理论及与课堂教学的相关性。

学生如何学习 4：介绍构成主义的理论及与课堂教学的相关性。

学生如何学习 5：介绍学习的类型及与相关性模型。

3.5.7.11 收集反馈意见

教学效果反馈可来自自我评估、同侪观摩和学生反馈等三个渠道，收集反馈信息出发点不同会影响信息收集的渠道的选择和信息使用实效。有些反馈是为了个人职业发展，有些则是教学质量的量化指标，应加以区分。都柏林大学教学部提供了如下相关的反馈意见收集方法：

收集反馈 1：形成总结性评价教学质量反馈方法

收集反馈 2：提供三种自我思考的方法

收集反馈 3：学生对教师教学评估的途径与创新方法

收集反馈 4：同侪观摩的方法

需要指出的是，评估与反馈对提高教学质量的重要性毋庸置疑，教学效果反馈对教学的改进会提供建设性的建议，然而反馈是件很耗时的事情，如果反馈设计不合理，教师根本不理睬反馈结果，或者根本发挥不了什么作用，为了有效解决这一问题，都柏林大学专门研究了提高教学反馈的效益与效果的方法并在实际授课中实施。

3.5.7.12 自主学习

上述所有的最终目的都是实现学生自主的学习，课堂教学是自主学习的基础，能够使学生构建对知识的理解和建立学习经验，这是基于构建主义的学习，开发学生自主学习的能力才是真正的目的所在。

3.5.7.13 教师教学奖

鼓励研究人员积极投入教学改革与创新是都柏林大学战略发展的重要内容，以此通过学术的途径完善教学课程结构，这项工作同时得到 21 所大学联盟与都柏林地区高等教育联盟的支持与合作。作为大学结构化管理的一部分，都柏林大学设立了教学奖。该奖包含奖励和资助研究两方面内容，鼓励员工致力于教学事业，奖励为教学做出重要贡献的个人与团队。旨在找出并培养大学教育教学中关键性学术带头人才，该奖重点奖励在特定学科领域具有科研成就，并且具有教育学的专业知识和领导能力，注重跨专业跨学科教学，以实现变革，在提升学生学习能力和教学质量评估中有重要成效的教师个人。获得资助的员工可以与其他高校的获奖者共同联谊，分享经验，以促进卓越的教师教学与学生学习。

该奖经过校内（包括学生）投票校外（21 所国际大学联盟专家）专家严格的评审产生，由学校战略基金资助，该奖由于有国际层面的影响力，因此大大提升了都柏林大学的信誉。研究的内容涵盖：选修课的改革与发展、大学第一年的教学评估、大学授课中的批判性思维的构建等，每年获奖人数不超过 10 人，该奖项是在教师已经取得一定的教学成效的基础上，以研究项目的形式结合个人薪酬的奖励予以实施，研究期限为 2 年。研究结果发布在公开出版物上。

3.6 研究生"协商式"培养模式

The negotiated learning training pattern for graduate students

3.6.1 研究生"协商式"培养模式的背景

2004 年前后，伴随着互联网技术对传统学习方式与人才培养管理方式的冲击，研究生招生规模的扩大以及教学方式的模块化改革，都柏林大学已经感觉到研究生教育改革势在必行。同时爱尔兰大学质量委员会(IUQB)不断给予指导，国家质量局设立了一系列人才培养创新基金、奖励基金和奖学金，支持高等教育系统质量的提升，社会非政府财政对博士生培养也提供了基金支持。在国际方面，萨尔茨堡研究生培养原则、欧洲大学协会委员会对博士研究生培养指导原则以及英国博士生技能培养模式为研究生教育改革提供了有价值的参考依据。

在此基础上，学校研究生教育管理委员会明确提出研究生的教育理念，打造"协商(negotiate)式研究生培养模式"，其目的是改变传统的研究生被动性的学习和教师死板的灌输知识的培养模式，通过为研究生提供良好的培养环境，培养研究生科学研究的兴趣，提高研究生主动学习的能力，对研究生的培养实现"量体裁衣"，鼓励通过交叉学科的融合，提高研究生的培养质量。这为研究生教育改革设计了清晰思路。

2005 年都柏林大学负责全校研究生培养的学校研究生院的管理职能下放到各学院，各学院设立研究院；各学院的院长和负责研究生工作的主任对研究生的培养开始发挥作用。2006 年修订的大学条例进一步巩固了对博士生进行的结构化培养，2006—2008 年出台了一系列关于研究生培养的条例、政策与程序。

由于国家层面的积极推动，2007 年爱尔兰大学协会建立了研究生教育联盟。从 2008—2011 年，都柏林大学成为都柏林地区大学研究生教育联盟的领导单位和质量品牌象征。2009 年都柏林大学引入英国关于博士生技能培养的指导原则，到 2011—2012 年这些指导原则基本在都柏林大学研究生培养方案中予以实施。联盟成员之间也相互指导、支持与合作。

3.6.2 研究生教育的战略目标

都柏林大学研究生教育的战略目标是：打造研究生培养的协商理念，不断优化研究生培养的组织结构，完善模块化研究生教学体系，通过质量评估积累培养经验，强化国际交流与合作，拓展国际研究生招生与培养，不断提升研究生培养质量。

文科硕士培养一般为 1 年，理工科硕士生分为教学型和科研型硕士，培养过程一般为 2 年，分 9 个阶段，完成 90～120 学分的学习，科研型硕士是为博士研究生的学习做准备。研究生教育的重点是博士生的培养，博士生的培养一般要 4 年，分 10 个阶段，前 18 个月主要是课程的学习，需完成 30 学分的课程学习，跨学科博士研究生需完成 60 学分的学习，有的专业转换型学生要完成120学分，修满学分即可获得证书文凭，答辩后获得学位。都柏林大学研究生培养过程中的选课、学籍管理等完全在网上运行，各学院研究生院基本是一位兼职的教授或行政职员负责相关资讯或程序管理，同时各学院设立由课程管理学术委员会领导的研究生课程管理办公室，跟踪4年培养过程中研究生的学术与科研质量表现。该办公室还在网上模拟研究生培养过程，收集整理研究生各培养环节的反馈，以增加对研究生培养质量的了解并研究对策。

研究生第一年基本是根据学科选择通识模块课程的学习，入学12—18月后开始与导师沟通，商定未来是进行硕士学位的学习还是准备进一步申请博士学位的学习，在课程学习和科研过程中有专门的工程师或员工提供相应的科研技术支持，同时学校为学生提供到国际化的研究中心或校外的合作机构参观学习的机会，便于学生们确定未来的职业发展方向。

对于博士研究生，学校首先考虑的是博士生培养过程中影响培养质量最重要的环节。研究生入校后与导师及博士生指导小组进行有效而可持续的沟通，既让导师了解学生的知识背景，又使研究生自己了解哪些知识是最需要学习和提高的，难点在哪里，例如对于数学知识不足的研究生，指导小组建议研究生到数学中心学习，有些学生的写作技能差，建议到写作中心学习；指导小组通过与研究生定期地交流，帮助研究生确定未来的科研方向与职业规划，制订博士生培养的相关内容与计划。

学校为研究生创造良好的学习环境。通过电子信息技术平台，每个研究生注册电子信箱就可以下载丰富的优质授课资源，各种培训信息都通过电子信箱发布，例如由教授们主讲的seminar研究生研讨会、各类主题性的小组交流等。学校鼓励研究生根据自己的兴趣跨学科选课，例如食品学院的食品科学与健康专业博士研究生可以选修地理学院地球科学与环境专业课程，也可以选修音乐、艺术等课程，同样记入学分，实现由单学科学习向跨学科学习的转变，提高研究生的综合素质。同时绿色爱尔兰研究机构以及各大学组成的大学联盟，为全爱尔兰研究生免费开放优质专业课程培训和网上授课。各学院的研究生教育由特聘的国际专家顾问委员会进行网上远程或现场指导，他们来自国际上知名企业和大学，始终保证都柏林大学的研究生教育与国际先进水平同步。

目前在研究生培养过程中仍会有15%左右的学生放弃原有专业，或考核不能通过而留级。但通过近5年的实践，研究生学术论文的水平显著提升，研究生就业情况越来越好，更多的年轻人从事最前沿的研究和创新。

3.6.3 近几年持续实施的创新计划与项目

2007年都柏林大学实施新的研究生模块化教学规划，2008年制订了对于一年级硕士研究生协商式培养的教程，2010年新的研究生培养方案已经纳入规划，进一步提升了基于网络领导力的各研究生院学术秘书操作平台。2011年制订了本科生与研究生交叉结合培养的教程。2012年回顾博士研究生培养情况，结构化的博士生培养机制成效显著。2012年建立了研究生教学计划质量专责小组和研究生教学计划发展团队。

都柏林大学高质量研究生教育改革与教学规划的实施得到了政府和社会资金的资助。对博士研究生培养项目的资助主要来自都柏林大学科研委员会、都柏林大学基金会的建设高水平研究机构项目基金、伊拉兹马斯基金、曼德斯基金、维康基金会以及健康研究董事会。都柏林地区研究生教育联盟的改革项目得到了爱尔兰高等教育局战略创新基金的资助，高等教育局同时还资助大学间研究生高水平模块课程衔接项目，爱尔兰本地学生计算机科学理科硕士的协商式培养设有年度奖项。

3.6.4 “协商式”研究生培养的主要成就

3.6.4.1 在硕士研究生教学计划与实施中的成效

实践表明，教学型、科研型硕士；十个阶级的博士生培养、跨学科博士生培养、转换专业的博士生培养等结构化的研究生培养计划与培养效果之间的关系十分清晰。首先是培养模式的创新，对研究生实施协商式培养，即入学后导师与学生深入交流，确定共同的目标，在此基础上充分调动学生主动性，导师根据学生不同阶段的学习和研究提供帮助，使师生之间的协作关系更加和谐。其次，各学期机动的课程注册以及跨学校之间的课程模块注册，延伸了培养过程的知识面。从 2008 年至今，尽管都柏林大学硕士研究生数量增加了 34%，达到 5408 人，对于硕士生新增了 180 个课程模块供选修，并没有过多增加大学的负担。

3.6.4.2 在博士研究生培养过程中的成就

都柏林大学博士生自 2005 年招收 960 人增加到 2013 年招收 1 642 人，博士生的培养也实行四年制的培养模式。爱尔兰高等教育管埋局要求每年要根据设计好培养的模块程序完成培养过程。国家对各学科博士生培养规划的改革以研究项目的形式给予资助，要求实施的机制必须实现大学间的合作，各培养模块、课程都可以相互衔接，使学生有更多的机会获取各合作大学或机构的优势学科的学术资源。都柏林地区以及整个爱尔兰的大学或研究机构彼此有合作协议以支持这种合作。该模式受到欧洲教育协会和英国高等教育协会的高度评价。

3.6.4.3 仍在持续的工作

为确保博士研究生“协商式”培养及模块课程培养体系中的各结构元素发挥有效的作用，归类并最大化地为研究生培养提供可行的方案与项目，不间断地研究并实现研究生入学注册时设定目标的积极性与主动性，围绕研究生培养质量、财政支持和学术质量评审，定期规划各种研究项目。

3.6.4.4 内外部的阻力与困难

来自内部的阻力是传统的习惯和思想意识，起初研究生教育质量改革的阻力来自管理层面，由于大规模的研究生教学改革没有足够的时间去广泛的沟通协调，短时间就发生了很大的变化，人们觉得管理上具有了官僚意识。鉴于改革之前学校领导借鉴美国和英国高教改革的经验，并与学术委员会和爱尔兰大学联盟以及政府做了充分的准备，因此经过总结和回顾改革是十分成功的。

外部阻力主要是财政支持的利益相关者或机构，例如贷款、租赁和捐助机构，由于他们的财政政策很僵化，不愿意改变原来的条款，面对学校的改革他们一时难以适应而产生抵触情绪，现在通过沟通这些问题都得到了妥善的解决。

3.6.5 农业、食品、兽医等相关专业的博士研究生教育

博士生的培养包括注册、安全培训、选课、科研、发表论文、延期与取消资格管理和学位论文答辩等程序。

本着培养观察力、想象力与创新能力的教育理念，规划博士研究生的培养。开学伊始向入学的博士研究生发放博士生手册，手册详细规范了研究生培养过程的质量要求。博士生选择自己的导师之后，进行专业研究计划注册，以后各阶段的考核都将以此为依据展开。导师将组建不少于三人的研究指导小组，监督研究计划进展，对研究过程给予指导和建议，这不仅能增进导师和博士生之间的关系，而且无论对博士生还是导师，都能促进学术水平的提高。指导小组成员是校内外专家，必须有足够的指导博士研究生的经验或具有支持博士研究生研究的学识，其中一名非导师成员作为小组组长，博士后成员可以作为小组成员，但不可以作为导师或组长。学校一般要求指导小组组长每学年 3 月、6 月、9 月召开不少于三次指导小组会议。导师须安排博士研究小组的首次会议。每次会议导师应向小组提供博士生培养报告，报告博士生在这一阶段的进展与建议。博士生须提供书面及电子版研究进展报告(含幻灯片)，说明这一阶段的课程学习与研究进展，同时提供 3000～3500 字的文献综述，并进行 1 小时左右的口头陈述；博士生还应结合以往博士生的研究，提供不超过 A4 纸 2 页的博士论文的草稿轮廓、不超过 2 页纸的研究进展和不超过 2 页纸的未来打算，上述材料同时以电子邮件发送至学校研究生教育委员会。指导小组应审查每一阶段学习与研究进展，对其文献出处和研究进展的科学性进行评判；指导小组应反馈对博士生的评估情况并对后续的工作给予指导。其会议成果都记录在博士生专业研究计划手册的电子模板上，并以此评估决定是否进入下一阶段的研究和学习。导师应定期与博士生讨论研究进展，并督促其按学校培养计划提交相关材料。

研究生教育委员会针对研究生工作的重要议题(例如招生、毕业等)定期开会研究、制订相关政策文件，并负责对研究生进行日常管理，监督研究进展。对于全日制博士研究生，研究指导小组将对其起初 12 个月的课程学习和研究情况予以评估，结果上报学校研究生指导委员

会，如果博士生第一阶段没有达到预期的要求，将延期第一阶段的学习，但不超过 18 个月。对于非全日制的博士研究生，研究指导小组将对其起初 18 个月的课程学习和研究予以评估，结果将网上上报学校研究生指导委员会，如果博士生第一阶段没有达到预期的要求，将延期第一阶段的学习，但不超过 24 个月。对于科研型硕士生，其研究内容属于博士生研究计划之列，如果其第二阶段的研究进展经过导师的认可，可以转入博士研究生，这一过程也同样需要指导小组的评估并留档。指导小组评估合格方可进入下一阶段的学习。

如果研究生第一阶段没有通过指导小组的评估，小组应给出改进建议并应在 3 个月之内再次评估。指导评估小组第二次评估应给出以下 4 种意见中的一种：

①通过，可以进入下一阶段的研究；②研究生应当转到另外的研究项目；③研究生毕业，申请硕士文凭和学位；④终止任何奖学金和信贷。

指导小组对博士生第一阶段的评估合格，最终将出具两份报告，一份是评估报告，一份是建议表，评估报告将送达研究生本人、导师和系领导；建议表将送达系研究生管理办公室统一处理，系研究生管理办公室将正式提交到学院研究生理事会，经学院给出意见最后报学校研究生院管理委员会批准，最终结果由研究生管理员通过电子邮件传送到导师和博士研究生。

在随后的培养方案中包括了研究技能培训和参加研究生研讨会等培养语言表达能力等模块，这些有的学科有教学要求模块，模块都有严格的考核办法，共 360 学分，最低要达 270 学分。博士研究生必须参加实验室与科研现场安全培训。每一个研究生课程的设置，培养过程的信息传达，授课资料和图书信息下载等都是经过电子邮件账户完成的。

学校没有发表学术论文数量的要求，但必须要发表，这也属于其中的培养模块，各培养模块的考核结果都将报到学校研究生管理委员会。

博士研究生学位论文提交之前，必须有指导小组签署的各培养模块合格证明，论文答辩小组成员由 1 名校外、1～2 名校内和 1 名由学校指派的主任委员组成，通过答辩，委员会给出修改意见，经修改提交论文并授予学位。大学的科研工作大部分是由博士研究生承担完成。

3.6.6 农业和食品研究生发展计划

农业食品产业是爱尔兰最重要的本土行业，年产值约 17 亿美元，出口价值超过 6 亿美元。农业食品行业的就业人数占总就业人数的 8.5%。潜在的雇主对研究生的需求反馈是，研究生在具备专业技能的同时具有较强的综合素质是非常宝贵的。

为适应快速发展的农业与食品等相关行业对高级专业人才的需求，提升高级专业劳动力素质，培养农业、林业、园艺、海洋、食品和营养专业研究生和研究人员的产业实践技能和领导力，要求研究生不但具有科学研究的能力，还要具备在农产品原料的生产、产品的工厂加工、物流与消费整体产业链中的组织管理能力，成为全面素质的专业人才，以应对产业竞争的挑战。

从另一角度来看，爱尔兰研究生教育的结构正在发生变化，在过去博士研究的培养是以完成科研项目为重点，但从目前对博士研究生就业情况的研究来看，雇主正在寻找的高级专业人才不只是具有高层次的研究技能，他们也应该具有到各种工作场所工作的通用知识和技能。近几年来，政府机构和大学一直在联手提供多种研究生培训计划，共享前沿综合性知识，限制重复研究。爱尔兰大学营养联盟(www.iuna.net)就是在农业食品领域的政府部门及相关机构和大学共享专门知识的联合行动，运行效果已经得到公认。

与此同时，在借鉴荷兰、英国等研究生培养国际经验的基础上，2006年爱尔兰农业与食品发展局、都柏林大学和考克大学联合发起设立"农业和食品研究生发展计划(FGDP)"(www.foodpostgrad.ie)，该计划由一系列专题性的培训模块组成专门培训面向农业食品部门的硕士和博士研究生。该培养计划由爱尔兰农业与食品发展局、国家发展基金、农业食品与海洋局、食品检测研究机构(FIRM)等相关政府行业管理部门与优秀企业领导者及专家共同参与，日常的组织协调由爱尔兰农业与食品发展局承担，培训模块的实施主要由都柏林大学和考克大学承担，由都柏林大学食物及卫生培训总监迈克尔·吉尼教授与考克大学研究生院院长阿兰·凯利博士统筹，并由两个项目经理乔安妮费伦(考克大学)和朱莉(都柏林大学)协调实施。该项目不仅有大学教授主讲授课，还有政府的行业官员、企业家和专业化国际培训机构为全国各大学的食品专业的博士生们以及行业研究人员提供综合的职业技能培训，大多数培训都有与产业相关的实践环节，该项目对提升研究生领导力、解决职业中的专业性问题等综合能力产生了明显效果。

参加该模块培训的各大学与研究机构的博士生免费食宿，经过注册后将亲自参与模块相关的每一个环节的培训，不仅从技术工艺与质量的层面进行学习，还将研习农业原料的品质与安全、原料的成本、市场需求、货架期的品质保障等全方位的技能，同时站在企业家、行业管理部门和其他管理机构以及国内和国际领导人的高度来考虑问题。

该计划大纲 在FGDP的职权范围内，结合粮食计划署的技能标准，为全国的食品或营养专业博士研究生提供教学技能、核心研究能力、项目管理和演讲技巧等通用性课程的培训，颁发技能资格证书。

该计划将满足食品行业对高端专业人才的需求，确保从事食品专业的研究生和研究人员了解行业的期望和需要，快速获得应对复杂问题的决策能力，具备在工业环境中解决实际问题所需的技能，弥补仅在实验室的项目研究中获得职业技能不足的缺陷。该计划的总体目标是通过创建一系列特定专题的培训模块，为博士研究生提供系统化的技能培训，重点是针对未来在国内和国际上农业、食品行业和其他研究机构中的行业领导者而进行的模块设计与技能培训。

模块分为：①专门针对爱尔兰农业食品部门迫切需要的科学技能训练；②旨在实现个人发展和自身职业需求的科学训练；③旨在强化职业化的科学训练。

通常情况下，大多数模块的培训为期2～3天，并辅之以远程学习的电子组件。每个学生每年至少修2个模块，合同研究人员和博士后研究人员每年需要约2个模块，以便不干扰他们的研究职责，这样每人大概在为期三年参与6～8个项目模块的培训。每个模块相当于5个ECTS学分，计入各大学的教学计划中，这样的培训模块含有高于都柏林大学和考克大学博士课程教育模块一定比例的 ECTS 加权学分。

该培训计划设计的基础也是基于政府、企业、研究机构和高校等利益相关者的需要。由这些组织和机构的代表参加的项目管理小组,每年召开两次会议,以讨论其方案。鼓励学生进行质量反馈,鼓励各利益相关者对实施的项目进行质量调查并提出意见和建议,以便于随着时间推移而不断完善。基于上述原则,目前已经运行或最新提出的专题性模块包括:国家和全球粮食安全、健康的饮食调节、农业食品部门的创业精神和创新、数学与统计在实验数据中的分析和解释、工业规模的研究和开发、营养与食品流通、食品安全和卫生管理、食物与卫生走向一体化的解决方案、领导能力和人际交往能力、食品研究和开发管理、如何规划有利于雇主项目等。

上述模块设计的技能培训包括提高行业管理能力、领导能力和研发能力,连接学术和研究之间知识并进行有效地使用,改善和发展以知识经济为基础的爱尔兰粮食部门的高端专业人才需求。该计划将确保农业食品专业的博士毕业生具有应有的就业技能,并快速适应具有挑战性的职业生涯,能担当起推动产业发展的责任,支持爱尔兰这一关键经济部门的可持续发展。爱尔兰政府倡议发展小学、中学、大学、研究生四个层次的教育,并要求到 2013 年博士生数在 2003 年基础上增加 1 倍,该计划将有效补充国家对高端综合性人才的需求。

该计划从设立到现在,以至于在未来,都有特别联络员进行市场调查,对利益相关者进行广泛地采访,分析并研究行业的需求。这些利益相关者包括但不限于:食品行业的食品安全部门(爱尔兰食品安全局)、企业、大学及科研机构,乃至广大消费者。在市场研究的基础上,提出有限数量的培训模块。

[模块的实施案例]

食品业的规范管理,时间 2013 年 3 月 8 日,地点:都柏林大学。该培训模块将概述爱尔兰本国、欧盟和国际三个层面的食品监管事务,介绍关于欧盟的起源和发展的相关知识,以及在食品监管中政府如何整合议会、委员会和理事会各方力量共同发挥作用。

对欧盟范围内的食品监管事务的操作案例进行详细的分析,解析预防与监管措施,包括对化学品、感染性污染食物、特定的营养调控以及转基因食品进行公共卫生和食品安全检查的相关项目和内容。

该模块引入了风险评估、风险沟通和欧盟的预防原则。

每 4～5 个学生被分配到一组,一起分析并提出一个具体的食品监管方案,如盐或食品污染的监管,在课堂上研讨,专家予以点评。

该计划的讲师有:都柏林大学研究欧洲食品法规事务的艾迪恩博士,欧洲食品安全局科学委员会成员、考克大学陈弘毅教授,欧盟食品与兽医办公室代表、爱尔兰食品安全局首席执行官约翰·奥布莱恩,以及食品标准机构和商界人士。

2013 年的培训模块还有:创新生物经济、2013 年爱尔兰公共健康营养问题、从农场到餐桌的生物经济在食品工业中的卫生管理和食品安全、新一代食品配方、工业规模的研究与发展、可持续农业和林业、国家和全球食品行业、农业食品研究的热门话题、农业和食品行业企业家、媒体技能培训、农业食品研究。2014 年的培训模块包括食品工业中的卫生管理和食品安全、新一代食品配方等。

根据国家发展计划,爱尔兰农业与食品发展局联合企业共同设立基金,支持对爱尔兰食品行业“从农场到餐桌”整体产业链有关质量与安全的科学问题进行系统创新和开发研究。到目前为止,已分配了7000万欧元给相关的大学或研究机构,批准了近200个项目,涵盖了各种主题,如食品安全、食品配料、食品消费、肉的品质、营养、乳制品和饮料、企业竞争力、产业政策等。

教学活动

▲ 荣获学位后的喜悦

▲ 荣获学位时的纪念

▲ 2006年的学位证书

▲ 学位授予仪式

▲ 学位授予庆典

▲工程实践中的讨论

▲机械工程实践

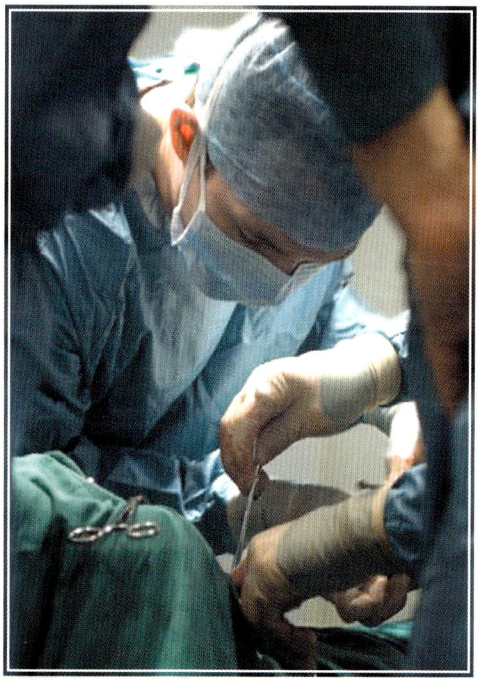

▲为动物实施手术的学生

▲对教师的教学技能指导

▲工程实践课

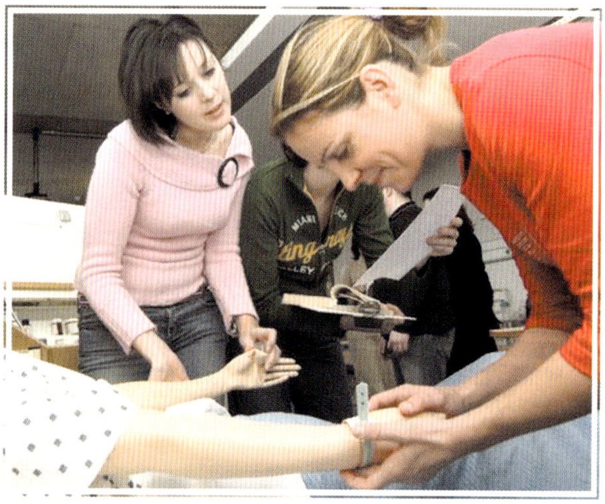

▲护理实践课

▲四人学习小组

▲小组化学习

▲迎新活动新老生之间的交流

▲随时随地的学习

▲公共学习交流区

▲IT中心为学生手机提供学习课件

▶沉醉于深度学习

▲新生的USB信息存储

◀经济专业的学生们

▲主动的深度学习

▲学习与立志

▲标准化教室

▲成人教育

▲大班授课

▲计算机教师授课

▲健康研究中心教室

▲电化授课

▲ UCD IT 服务大厅

▲通过网络的大一入门课程

▲学习成为兴趣

▲国际生交流场所

▲公共学习交流

▲校园内公共学习区

▲凯尔特语的学生们

4 科学研究篇
Scientific research

4.1 都柏林大学科研工作概况

Profile of the scientific research of University College Dublin

都柏林大学的科研工作的战略目标是:满怀为爱尔兰赢得更广阔未来的雄心,在全球塑造爱尔兰新的国家形象,重点研究环境、能源、农业与食品、人类健康、计算机信息与通讯、工程、财经与法律政策等学术领域,与国际高水平大学一起积极应对全球范围的金融危机、环境污染、食物短缺等问题。基于此,学校积极与美国国家科学基金、欧盟等国际组织进行了长期富有成效的科研合作,开展了大量新兴前沿领域的研究,这不仅使都柏林大学获得学术研究经验和科技成就,更重要的是带来新的发展信息与理念,使都柏林大学站在国际科技的前沿,同时也深化了战略发展思路与途径,有效指导大学的科研立项、知识管理,确保大型计算以及电子网络基础设施建设处于全球领先地位。

4.1.1 都柏林大学科研面临的挑战

都柏林大学作为爱尔兰最大的国立大学,其科研战略与国家发展密不可分。在 21 世纪头 10 年,优良的投资环境与欧洲国家中最优惠的税收政策使爱尔兰实现了经济的高速发展,顺利实现了从传统农业向现代生物医药、软件与互联网技术、电子商务、旅游产业的经济转型。之后,伴随全球金融危机,爱尔兰出现了严重的经济倒退,经济发展的不确定性增加,公众的信心和制造业的竞争优势出现了危机。现有产业迫切需要新技术、新兴产业的助力,刺激国家经济增长,国家也需要再次吸引国际高附加值项目投资爱尔兰。

面对国家发展需求,都柏林大学在国家经济复苏中扮演着重要角色,尤其是在生物医药、信息通信技术、可再生能源、农业与食品等关键性高新技术领域提供了科技支撑,而这些学科是都柏林大学的优势研究领域。2008 年,爱尔兰政府发表了关于构建爱尔兰未来可持续的优质经济框架的文本《通过创新打造爱尔兰理想经济体系》,其中对都柏林大学寄予厚望,这也是该大学以科技发展服务于国家建设战略的根本出发点。2009 年,都柏林大学在全球大学排名中列欧洲地区第 33 位,学校科研发展战略的近期目标是实现在欧洲大学中的学术领导地位。其战略措施是通过自身多学科之间的交叉合作与创新,为构建多样性大学提供不竭动力;通过与世界领先水平大学、研究机构及企业构建战略伙伴关系,推动自身密集型科学研究。

都柏林大学注重基础研究投入,通过打造优势学科和具有交叉学科思维领导力的学术带头人,应对全球化的科技竞争与创新。都柏林大学科研发展战略中专门设立了科学基金,支持环境、能源与健康等相关领域交叉学科的合作研究,以拓展新的研究领域,扶持新的科研亮点。2006—2007 年度都柏林大学所获得的科研经费为 28 亿欧元,占 7 所国立大学总科研经费的 26%,占学校总收入的 18%。随着金融危机的蔓延,自 2010 年起,来自爱尔兰国家财政的科研经费每年递减 30%~40%,这迫使都柏林大学拓展与欧美的科研合作,同时拓宽与企业的科研合作，目前来自企业的科研经费占学校总科研经费9%，即使在科研经费严重下滑的情况下，都柏林大学仍然持续加强科研基础设施与科研项目的投入。截至2013年9月，建筑面积超过13万平方米并且高于国家标准的科研基础设施已投入使用，包括科学中心大楼、健康科学大楼和康威研究大楼，而且核心学科的科研经费保持有增无减。学校对科研的有序服务和政策支持不断产生创新性成果，使大学的科研潜能充分发挥，服务于爱尔兰国家的发展。

都柏林大学的科研战略目标可以用RPIFOC来概括，即责任、人才、设施、资金、组织、交流。

责任(Reputation)：通过文章与创新提升都柏林大学科研工作的影响力。

人才(People)：吸引并留住具有学术领导地位的研究人员；开发培养研究人员职业发展的有效路径；发展结构化博士生培养机制。

完善配套基础设施(Infrastructure)：为科研人员、研究团队和企业提供高于国家标准的科研设施。

资金支持(Funding)：都柏林大学是爱尔兰和欧盟等国际组织科研经费的主要资助对象，同时科技服务于产业，企业研发经费也持续增加。

组织(Organization)：建立科研人员支持计划

交流(Communication)：建立了都柏林大学科研评估体系，不断总结成功的经验，实现科学研究可持续发展。

都柏林大学要实现科研的战略目标，关键在于持续加强科研基础设施建设(科研大楼、技术集成与装备平台、互联网信息通讯等)，有效地激发进行科技创新与新科技推广应用的积极性，持续培养员工的科研能力；通过有效的指导职业发展路径、支持参与外部合作等形式，培育未来科研领导者；及时与科研利益相关者沟通，实现团队的共同成功；通过持续打造充满活力的科研文化，培养高水平的学者社区；通过租让科研设施等形式，创新重大课题及子课题的管理模式；鼓励支持在文化、经济和社会发展等相关学科发挥领导力作用；作为科研的重要力量，支持研究生教育，持续设立个人学术奖学金；通过学校科研基金招聘国际学术领导者；在教学体系中完善本科生到学术型研究生的无缝对接培育机制，为本科生提供科研机会；与圣三一大学结为科研创新联盟，在关键领域展开合作研究；组建新的研究机构和研究生院，设立专项跨学科基金；支持欧盟、美国及企业在都柏林大学设立多项研究基金；构建科研成果管理系统，促进科技成果的商业化推广与应用；构建科研绩效评估机制、个人和团队奖励机制；加强科研服务(硬件、软件)、科研项目与团队分权体系建设，保障科研领导者的学术引领作用，同时有效解决学术集权与腐败。

4.1.2 内外主要驱动力

都柏林大学是爱尔兰政府致力于提高大学科研能力的标志性大学，其科研成就代表了爱尔兰的科研实力与荣誉，因此都柏林大学十分重视自身的全球排名和科研影响力。国家高等教育局在都柏林大学设立了爱尔兰科学基金，组建富有活力的科研集群，针对国际国内科研基金的发展趋向,建立科研人员学术生涯发展框架,通过学术委员会的定期评估后,学校对科研中心负责人进行授权,构建民主的学术研究管理系统,为打造爱尔兰全球化的科研实力服务;都柏林大学主持了国家三级研究机构研究计划(PRTLI),积极同国际一流学术组织合作,通过创新和发展展示其科研领导力,都柏林大学学术委员会还设立了研究基金支持该计划。

4.1.3 主要科研产出

都柏林大学从爱尔兰科学基金获得的科研经费从2003年到2013年增加了3倍,包括欧盟项目科研经费的非财政资金从占总科研经费的10%增加到30%;在各学科排名前10位的国际学术期刊公开发表论文的数量翻了1倍;论文影响因子全球平均水平提高35%;16位科研人员晋升为教授,五大学院各自成立研究生院,引领爱尔兰博士研究生教育发展。建设了科学中心、康威研究中心、健康科学研究中心;购置了大量先进的科研设备;搭建了蛋白组学、细胞组学、基因组学等跨学科、跨大学、跨国际的研究平台,拓展并延伸科研领域;现代化的里昂实习农场为科研提供了产业化的应用基地。

4.1.4 持续性的工作

进一步提升对外合作主动性,加强与中国的战略合作,加强欧盟合作办公室的工作,争取到2016年,获欧盟研究委员会资助的经费增加50%;积极与国际人类应用技术研究机构(RTI)进行农业与食品、能源、健康、国际通信技术、环境、社会与文化等方面的战略合作;积极拓展与爱尔兰企业技术中心在食品、人类健康、环境、乳品、肉品等领域的合作;加强与国家数据分析中心的合作,积极致力于与爱尔兰国家生物医药发展计划、工业发展计划、中国奖学金资助计划的合作。

4.1.5 科研绩效评估与考核

4.1.5.1 科研质量

为评估立项目标是否实现,由学术委员会邀请第三方同行专家对每一位科研人员每年的公开出版物进行评估。

4.1.5.2 数量评估

每年在同行出版物位居前10名期刊发表的论文或者公认的论著的数量。

4.1.5.3 员工科研积极性评估

科研积极性包括规范地指导研究生的科研工作、出版物的质量、吸引外部(行业)科研资金量等方面的内容,不同学科设立不同的评估标准。根据以往评估结果与政策调控,都柏林大学全力打造宽松的科研人文环境,预计到2014年底,将实现员工科研积极性与自主能动性评估结果大于 90%。

4.1.5.4 奖励机制

成功获得爱尔兰及国际科研项目资助，或来自行业的科研合作与成果转化，学校都会有不同比例的奖励。学校和课题下达单位一般给予课题负责人适度的灵活性，鼓励做好科研。

4.2 都柏林大学主要的研究领域

Major research fields of University College Dublin

4.2.1 地球科学、能源与环境

构建爱尔兰智能经济的基本框架是：通过保护环境、保障能源供应使绿色经济予以实现。要实现绿色经济，需要面对气候变化、环境资源与能源安全的挑战，经过低碳经济期向绿色经济过渡，为清洁工业带来投资和就业机会，通过发展新型再生能源，提高能源利用效率，替代传统化石能源，减少对能源的需求和浪费，进而减少开支。这一未来发展战略将通过绿色技术创新，使得新型工业有足够的新型能源、优美的环境和雄厚的技术保障，成为吸引国外投资的具有竞争力的理想场所，使保护就业得以实现。

都柏林大学是连接产业与科技的重要桥梁。都柏林大学通过相关的政策和项目资助来强化学科间协同发展，以更好地为产业提供系统性的技术集成。这些措施包括运用网络技术传感器、太阳能转换与集成、生物质精炼等系统技术间的合作，解决面临的环境、气候、能源可持续问题，实现环境保护；都柏林大学通过与国家的相关研究机构合作，拓宽了产业服务的维度，都柏林大学与都柏林三一学院组建科研创新研究联盟，成立了地球与能源技术工程中心，以履行政府承诺的国际协议的职责，这也是对世界的贡献，表明爱尔兰有能力面对未来的挑战。

在地球科学、能源与环境研究领域进一步细化的研究系统如下（图 7）：

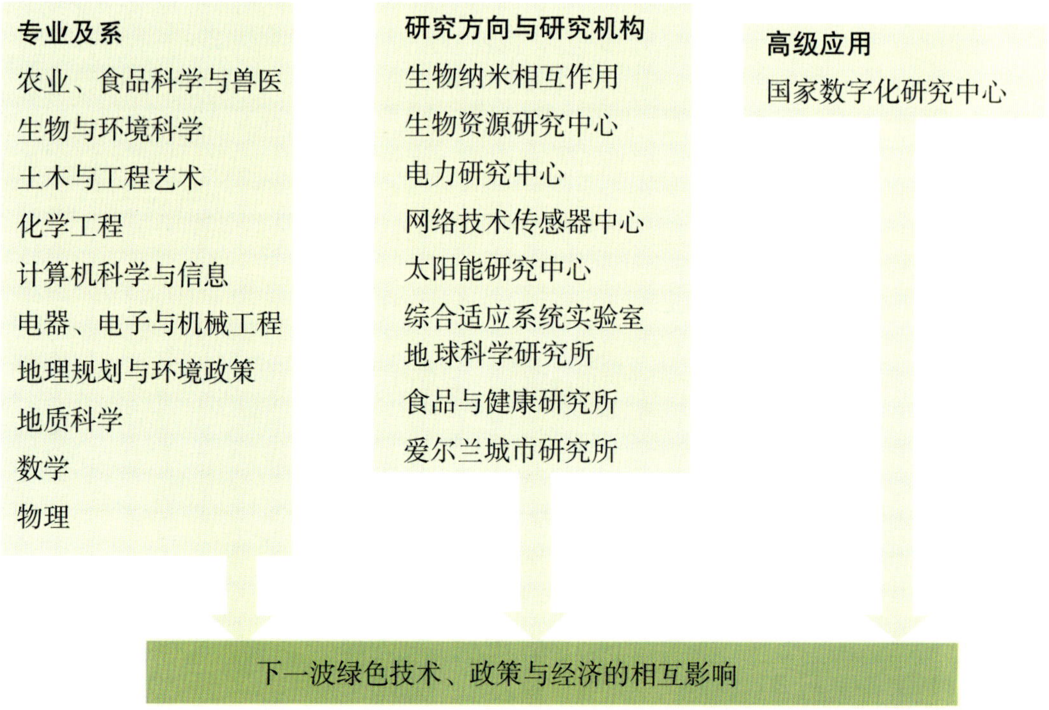

图 7 都柏林大学地球科学、能源与环境研究集群

(1)地球系统,包括大气与气候变化、自然地理学与水资源;

(2)能源研究,包括再生、清洁、安全、可持续能源,电力系统及相关的建筑技术与经济问题;

(3)生物系统,包括生物资源、生物多样性、全球生态变化与食品;

(4)城市系统,包括建设环境、交通与地理信息系统;

(5)环境与能源创新,包括发展政策等。

4.2.2 全球化的爱尔兰

关于"全球化的爱尔兰"涉及一个重大的科研计划。1998 年,爱尔兰高等教育局为了提升本国大学研究机构在人文社会科学、自然科学、技术、商业与法律等领域的研究能力和创新能力,经国家批准,利用 10 年时间,政府财政投入 10.22 亿欧元支持大学研究机构进行"三水平研究机构"建设,以资助研究项目和研究设施的方式,支持各大学与国内、欧美和国际高水平研究机构合作,同时鼓励私人或机构资助支持该计划。10 年后爱尔兰国立大学的科技能力跨入国际高水平行列,总投资达到 121 亿欧元。2008 年之后爱尔兰为了进一步支持大学发展科学研究,帮助国家经济复苏,该计划一直在延续资金支持。2011—2016 年都柏林大学每年从总经费为 2.96 亿的财政拨款中获得 0.627 亿欧元的资助,用于科技创新、科研基础设施建设及设备购置,其中博士研究生研究计划项目经费为 0.187 亿欧元,设立了开创性研究专项,培育创新的思维、创新的教育,通过理解创新实现知识的有效利用,形成创新的环境、理念、产品、服务及政策,使爱尔兰经济社会发展受益,得以应对全球科技进步的挑战。

都柏林大学科学中心大楼是国家三级研究机构研究计划(PRTLI)的重要组成部分,该科研大楼具有研究生教学、科研创新、工程培训等多项功能,可以为 2000 多名科学家提供超国家标准、国际一流的科研条件,使用面积为 5 万平方米,为都柏林大学重大科研项目的实施提供工程技术人员、设施方面的支持,使得都柏林大学能迅速拓展新的科研领域,并同步形成一体化的教育。PRTLI 的重要标志是组建多学科交叉的科技创新研究联盟,实施研究生教育创新,培养出具有创新思维的科技后备力量,该项目设立包括了艺术、人文科学、社会科学、自然科学与工程技术等领域,以满足爱尔兰经济与社会发展的重大需求,满足爱尔兰实现国际科技竞争优势的战略需求。

都柏林大学拥有爱尔兰最具多样性和发展潜力的人文科学和社会科学学科群(图 8),从考古学到社会行为学,学科发展具有辉煌的过去、有吸引力的当今和创新的未来,研究主题是爱尔兰,包括南北爱尔兰、欧盟中的爱尔兰、美国与爱尔兰、爱尔兰犹太人、殖民时期的爱尔兰以及当今全球化的爱尔兰,还涉及欧洲及全球应对当今危机的看法。都柏林大学在全球化的爱尔兰的研究方面有 3 个重要的研究机构,即吉尔里研究所、爱尔兰人文研究所、约翰·休姆全球爱尔兰研究所。

吉尔里研究所的微观经济学、量化社会科学、行为科学、借贷等学科在爱尔兰乃至全球都具有很高的学术声望,也是爱尔兰唯一的政策制订取证实验室。该研究所主要研究的议题包括:健康与福利行为、综合经济、发展心理学、表观遗传与生物社会学(尤其是儿童教育、健康及

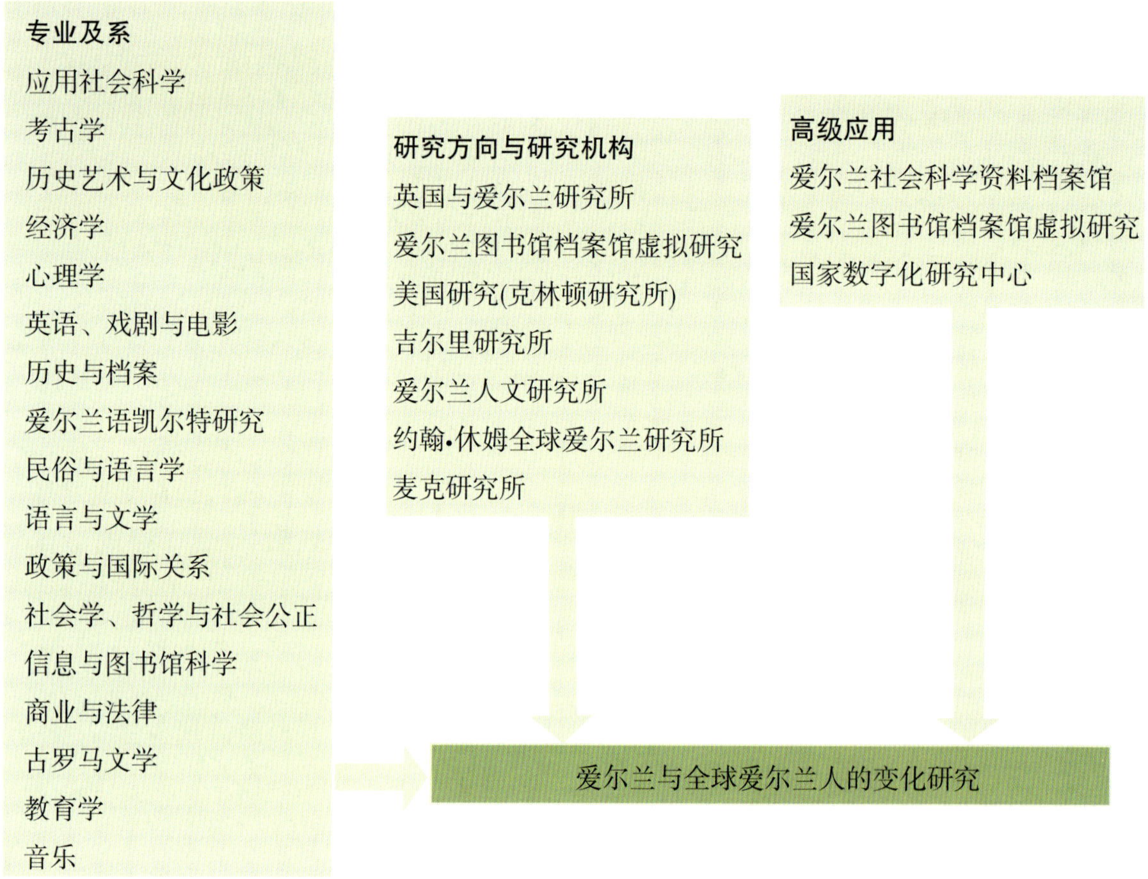

图 8　都柏林大学全球化的爱尔兰研究集群

父母在家庭中的作用等)、政党的态度、行为与形象分析。该研究所广泛地与国际学术机构及企业合作,提供创新政策研究,以适应快速多变的欧洲及世界经济形势。

爱尔兰人文研究所在研究生教育的形成与发展、学科间的协作活力机制等研究方面有独特的优势。其在人文科学与社会科学的合作研究领域所取得的成绩,成为爱尔兰制订经济社会繁荣政策的重要依据。这是爱尔兰在21世纪初创造了举世瞩目成就的人文智慧源泉,并造就了一代成功的爱尔兰人,也为阿根廷、赞比亚等其他国家经济社会进步贡献了智慧。我们可以从学科间的合作理解国家间合作的重要性,这种国家间合作所取得的成效是单一国家无法实现的。都柏林大学正在形成多学科整合的科研能力,同步整合本科生和研究生多学科、跨学科教学,提升教学质量与水平。

爱尔兰人文研究所已经构建了数字化虚拟图书馆,收集了2个多世纪爱尔兰社会科学、文化与双语表达、解决冲突的经验、公共建设技术信息及大众评论的资料。而其未来发展战略使这些资料既综合又系统,为未来的发展提供了重要档案资料。

4.2.3　健康与保健

物理、化学、计算机信息与工程技术等学科的发展为生命科学的发展提供了空前的机会,不仅提供了技术支持,还提供了对细胞与机体系统进行客观探索的途径。面对人类和动物健康问题的挑战，这种多学科的整合为我们提供了对未来具有重大战略意义的技术支撑。都柏林大学在该方面所进行的基础研究已经为提升爱尔兰社会健康福利做出了独一无二的贡献。在生物医药领域，糖尿病、感染、生殖、皮肤病、神经病变等 7 个方面的研究在国际上享有很高的声誉，不仅提供治疗方案，还由食品与健康研究团队和独立生活技术研究团队提供康复方案。学校将进一步致力于寻找学科间合作的途径，综合科学研究与技术工程的手段，在计算机与信息支撑的基础上，在纳米医学、干细胞疗法与生物医药领域进行深度探索、创新与发现，积累在实验胚胎学等生物医药与人类健康方面的经验，用最好的研究成果干预人们的生活方式，使人类变得更加健康，进而在行为经济（社会行为与微观经济）方面产生作用。同样，都柏林大学与圣三一大学结为了创新科研合作联盟。

在相关学科研究集群的支持下，都柏林大学的教学附属医院成为爱尔兰最好的医院，为爱尔兰医药行业提供了大量的工业技术，为本科生和研究生教学与科研创造了国际标准的条件。为此，都柏林大学采取了 3 项措施：一是设立了专项基金支持研究集群的联合科学研究；二是成立了都柏林大学康威研究所，该研究所配备了全套国际一流的科研设备，有专业的技术人员提供精确的设备检测与维护，各学科研究人员根据研究需要可以随着团队入驻该研究所完成研究；三是成立了爱尔兰分子医药中心，建立起科研成果与医院的对接。该研究集群承担了大量的欧盟和美国的科研项目，涵盖了食品与健康、生物医药与药理学、生物工程与公共健康等领域（图 9）。

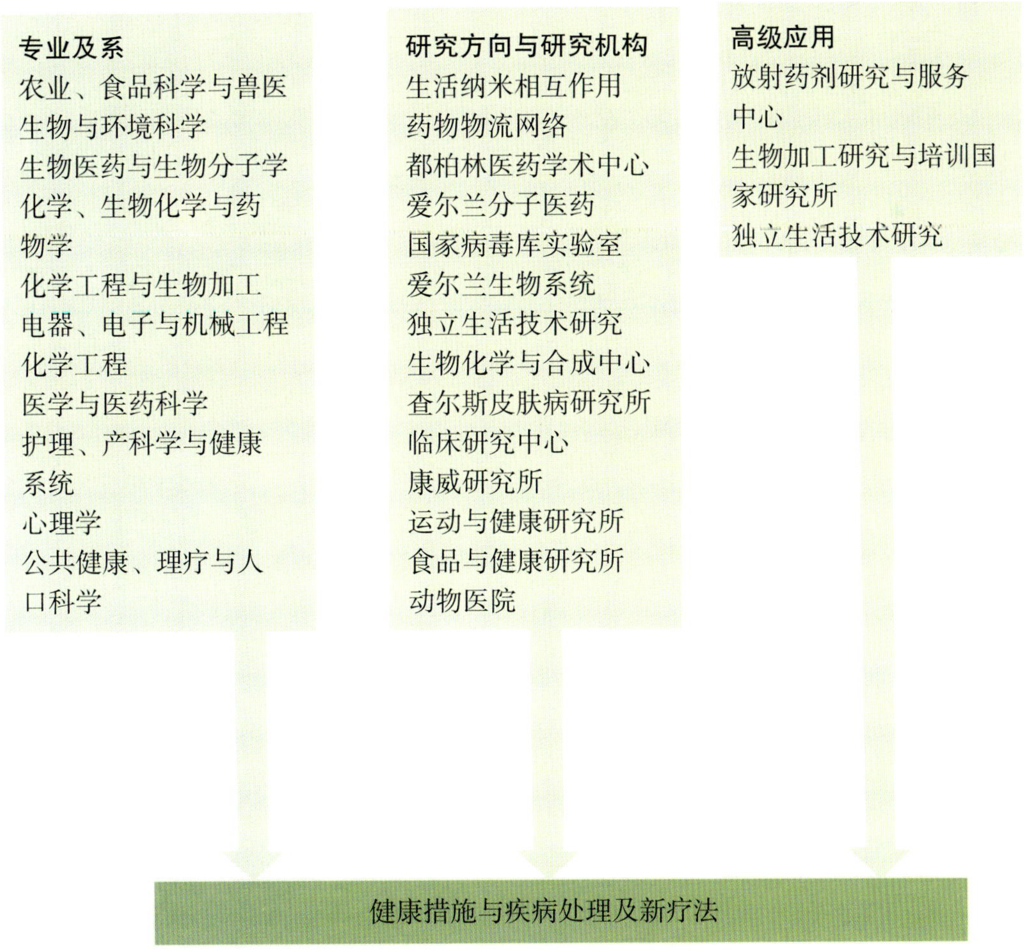

图 9　都柏林大学健康与保健研究集群

4.2.4 信息、计算与通讯

数据计算与分析是21世纪科学与工程发展的重要驱动力。从生命科学到经济学，从气候变化到环境模型乃至社会科学，从神经系统科学到通信技术，数据计算和数学特性分析，数据计算与分析可以提供相关研究的信息关系并解释其动力学机理。都柏林大学及时认识到科学研究的同源性特点，后期信息的计算与分析和科学实验研究同样重要，但相对独立的学科无法实现大规模系统数据分析，这成为制约技术体系完善的裂痕。要真正实现爱尔兰知识经济的雄心，必须强化并解决好这些问题。

都柏林大学同样将其相关研究打造成为研究集群（图10）。第一项关键措施是专门成立了都柏林大学的工程数学与物理研究院，使得在工程数学与物理科学及计算机科学间形成有效的交叉与融合，取得了大量具有国际领先水平的科研成果。第二项关键措施是成立了综合适应系统实验室，该研究平台组织了200多名科学家及博士后从事数学、工程学、计算机科学、生态学、生物信息学及经济相关研究，承担了生态系统、无线技术、数字媒体与生物工程等教学模块，承担着都柏林大学数据中心的职能。另外，克劳德香农离散数学编码与密码研究所在计算机与信息工程领域取得了世界一流的科研成就。2008年4月，都柏林大学与都柏林城市大学从爱尔兰科学基金获得了1 180万欧元的网络技术传感器项目，并组建爱尔兰科学工程技术中心CSET（Centre for Science, Engineering and Technology），到目前为止该中心已经获得1 650万欧元的科研经费资助。

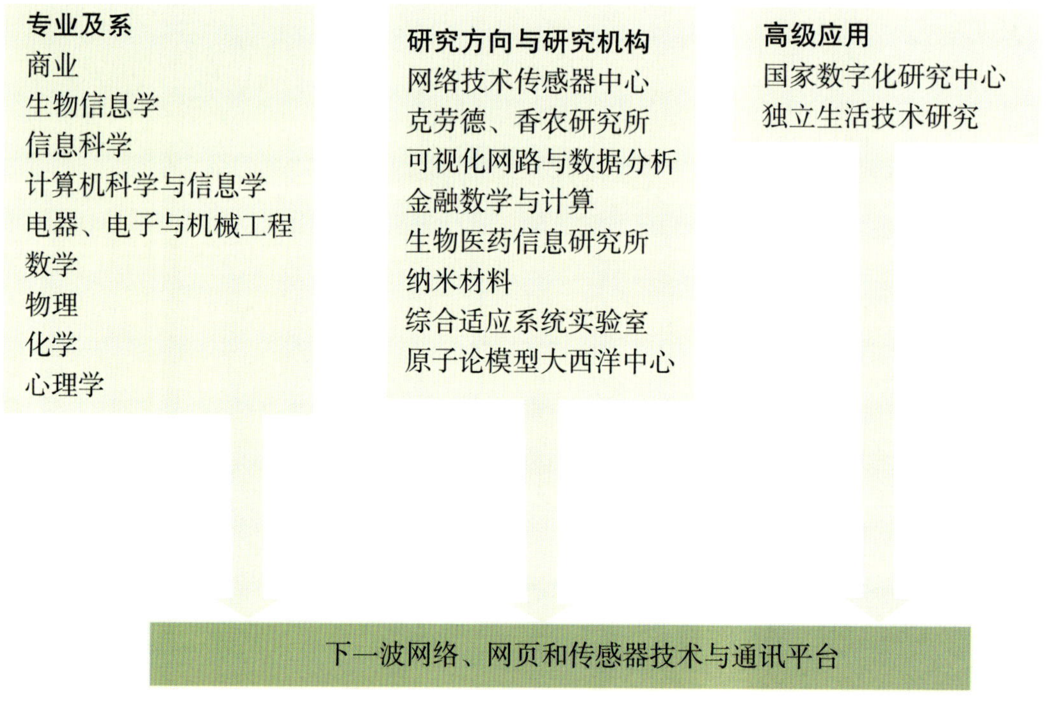

图10　都柏林大学信息、计算与通讯研究集群

4.3 有特色的跨学科研究机构

Characteristic interdisciplinary research institutions

4.3.1 都柏林大学食品与健康研究所

4.3.1.1 研究所简介

爱尔兰凭借其农业和畜牧业的资源优势，在优质食品的生产方面拥有悠久的历史。长期以来，与经济、社会、环境密切相关的农产品行业一直是爱尔兰最大的本土产业。农产品行业目前拥有超过 15 万员工，年产值超过 240 亿欧元，其优质的肉乳产品不仅满足了国内需求，还将部分产品出口，带来了丰厚的利润。为了在爱尔兰建立起一个安全的、有价值的食品行业，近些年来食品的研究与创新一直是业界人士致力于发展的重点，目的是打造爱尔兰在国际上拥有具有本土特色的、独特的食品工业。食品与健康关系的科研成果一直是科研立项的重要驱动力，以此为食品行业的新产品技术提供科学的依据与方法，从而能够增加每种食品有益于健康的功能，开发新型的“功能食品”，激发行业的增长潜力。另外为消费者提供方便的半加工食品和具有附加营养价值的肉制品研究技术，通过基因组学进行安全评价等研究都是行业关注的重要领域。为了支持食品的创新研究，维护爱尔兰“食品之岛”的国际名誉，政府、机构和科研人员达成共识，既要注重食品生产中周围环境因素的重要性，又要注重构建可持续性食品链的必要性。

基于上述背景，都柏林大学于 2008 年从多个学院整合优势科研力量，联合相关机构与企业正式成立食品与健康研究所。依据学校整体发展战略，将食品与健康学科相关的专家整合到一起，以团队为工作单位，实现跨地域、跨学科、跨行业的广泛协作。这种理念对于都柏林大学来讲能够提供战略性的合作，对于社会而言能够将都柏林大学食品与健康的相关研究品牌化。

迈克教授是食品与健康研究所的创建者，他是一位德高望重的优秀学者，十年前，的新校长休·布雷迪博士上任后从圣三一学院特聘迈克教授，开始组建食品与健康研究所。该研究所成立前，相关的专家分布于都柏林大学科学学院、农业与食品学院、兽医兽药学院、工程建筑学院、商业与法律学院、健康科学学院、人类科学学院等，研究力量分散，难以取得有效的学术研究成就和社会影响力。

食品与健康研究所的研究涵盖与食品及健康相关的农业、畜牧兽医、食品安全、营养、食品法律、消费者的研究、食品科学、食品生物工程系统及食品产品等诸多领域。

鉴于高水平和高质量的研究成果使得该研究所在激烈的竞争中可以持续的获得国家及国际基金组织的资助，与雀巢、菲利普等几十家国际化食品企业有密切的合作。

食品与健康研究所负责的本科教学包括食品科学与技术、食品营养、食品安全、食品与环境、食品与消费者、食品法律等。在都柏林大学，科研人员为本科生授课是一种职责，教授每人都有几门本科生授课任务，许多课程是几位学者一起讲授。食品与健康研究所成员对本科生和研究生的授课任务各由一名专家负责与不同学院进行协调。

1. 目标与理念

食品与健康研究所的战略目标是为爱尔兰拥有“食品爱尔兰”的声誉做出贡献，其使命是在食品与健康领域建立一个国际认可的、跨学科的机构，从事最前沿的研究，通过知识与技术的结合，实现对学生的深层教育，培养出能够通过知识与技术的应用来促使国家经济发展的高水平人才，实现国家的发展目标。食品与健康是一个跨领域、多学科的研究领域，因此，首要的任务就是巩固研究所的核心研究领域，第二任务便是在都柏林大学确保各学科间的合作研究。例如食品科学家们与来自综合配套系统实验室（CASL）的生物信息小组进行合作，进行识别牛奶蛋白质中的生物活性肽的研究；营养学家们与独立生活研究技术中心（TRIL）的专家进行合作，研究饮食与衰老的问题；与都柏林大学地球研究所互动讨论食品与气候变化的问题；与合成与化学生物中心（CSCB）讨论食品生物活性物质的化学组成；与都柏林大学运动与健康研究所一起探讨营养与生理状态、认知能力等方面的问题。食品与健康研究所的目标是成为食品与健康领域的全球领军力量。利用食品科学、微生物学、工程科学和营养科学的知识和技能，实现行业与大学的融合，满足特定人群对食品营养方案的需求，满足食品供应链可持续发展等诸多科技的需求，服务大众，这就是该研究所的文化。

食品与健康研究所的发展理念是“以精湛的科技发展完美的食品”，尊重个人的研究兴趣，以团队化的工作模式，实现跨地域、跨领域、跨层级的广泛协作。多学科融合促进科学研究的能力建设，在激烈的国际竞争中形成具有国际领先的研究成果，促进科学研究与食品产业实际需求相结合，不断赢得国内国际机构和企业的科研资助，实现快速的可持续发展。概括地说“4Ps”理念是其发展的精髓，首先重视人的因素，并认为人是团队成功的关键，与来自世界各地最好和最优秀的人在一个充满活力的、多学科的环境中一起工作，做出最好的研究成果；第二是论文，发表高影响力的论文是用以评价研究成员的表现以及食品与健康研究所工作情况的关键指标之一，注重高影响因子学术论文的产出是其树立国际地位的重要方面；第三是专利，食品与健康研究所的创新意识表现为促进知识产权的发展，食品与健康研究所凭借其专利技术被业界认可；第四是政策，鉴于食品行业在人们生活中的重要性及其需要不断规范的特性，该机构设立政策研究基金，优先发表有益于政府政策完善的学术文章。

2. 发展成效

都柏林大学食品与健康研究所虽然成立的时间较短，但在该研究领域已成为了国际领军力量之一。在其管理董事会与咨询委员会的支持下，食品与健康研究所对安全和健康食物的加工、功能食品的原料、特定人群对食品营养方案的需求，以及可持续食品链等重要的研究领域，制订了年度科研目标，每个研究领域的研究收入不低于 50 万欧元。迄今为止，该目标已顺利完成，尽管申请科研经费的机会在减少，食品与健康研究所仍通过提升研究水平与为产业发展提供优质技术服务等途径增加研究收入（表 5）。

表 5 都柏林大学食品与健康研究所的年度科研经费(以百万欧元计)

研究领域	2008～2009 年	2009～2010 年	2010～2011 年	2011～2012 年	总收入
安全和健康食品加工	4.81	1.52	1.93	0.43	8.69
功能食品原料	3.19	0.39	0.34	2.25	6.17
定制营养	5.22	0.49	2.27	2.40	10.38
可持续食品链	1.87	0.46	0.93	0.78	4.04
总收入	15.09	2.86	5.47	5.86	29.28

目前，食品与健康研究所在食品科学与技术研究成果方面已跻身于欧洲前十大高校之列，并在国际排名前 25 位的高校中占有一席之地(表 6)。

表 6 2005—2009 年食品科学与技术研究成果的产出高校排名

高校名称	欧洲排名	世界排名
比利时根特大学	1	1
赫尔辛基大学	2	13
丹麦技术大学	3	14
霍恩海姆大学	4	15
米兰大学	5	20
圣地亚哥德孔波斯特拉大学	6	22
鲁汶大学	7	23
瓦赫宁根大学	8	24
都柏林大学	9	25
博洛尼亚大学	10	27

都柏林大学食品与健康研究所已经成功锁定欧洲框架计划，特别是以应用技术研究为重点的第七欧盟框架计划(The Seventh EU Framework Programme for Research and Technological Development，以下简称为 FP7)，这是其主要的科研经费来源。目前，研究所正与两大 FP7 项目进行合作(即 Food4Me 和 FoodRisc)，研究所已经成为爱尔兰唯一一家能够主持食品与健康领域的 FP7 项目的研究机构。研究所的科研人员同时也是其他 8 个 FP7 资助项目的合作伙伴。

研究所已经并将继续与达能、联合利华、飞利浦、帝斯曼、百事、雀巢、生物梅里埃等国际行业领军者发展良好的合作伙伴关系。目前超过 25%的科研经费是来自于行业的研究项目，有的来自于公司本身，有的是通过像爱尔兰企业局这样的机构(表 7)获得。在进行诸如 FP7 或 FIRM(Food Institutional Research Measure)这样的项目时，若考虑到中小型企业的加入，则近 50%的研究会涉及行业协作。

表 7　2009—2012 年研究所科研经费来源比例

科研经费的来源	占总经费的比率%
欧盟框架计划	22.3
爱尔兰企业局(针对行业的项目)	20.6
农业和食品部	18.1
健康研究委员会	7.0
爱尔兰科学基金会	5.0
工业	3.9
海事处	3.6
其他	19.5

3. 重点关注领域

都柏林大学致力于打造一所国际领先的研究密集型大学，制订有助于爱尔兰经济发展的战略目标。研究所的战略研究方向是以下列高层次的战略目标为特征：①将增多的资金用于发展和完善研究所基础设施，通过吸收更多优秀的学生和开发完善内部系统来实现研究所的使命。②通过向行业提供高品质的技术服务以及具有创新精神的毕业生，在研究所内部培养创新精神。③要发展和宣传研究所的声誉，巩固研究所在行业中的地位。

表 8 展示出了研究所 2011—2012 年度计划中制订的 2014 年目标任务。针对这些目标和任务，在第一阶段(2011—2012 年)取得的进步和成果的基础上，将在 2012—2013 年度(第二阶段)继续努力，完成余下的目标和任务(表 8)：

表 8　研究所阶段性的研究目标及成果

	2014 年主要目标	2011—2012 年	2012—2013 年	成果
主要研究项目和领域	对研究所中已修订的研究领域进行整合，发展和增强与都柏林大学其他研究所的合作关系。	确立 4 个已改进的研究领域，树立追求卓越的内部和外部意识。入驻科学中心大楼的实验室，同整个校园建立和发展工作关系。	对领域的评价标准或输出成果进行评估；必要的话，重新进行重点领域的选择。	3 个研究领域(即安全健康食品的加工、营养和功能食品原料研究)已被嵌入到研究所的活动中。 研究所与校园内其他研究中心和团体有着广泛的联系： • 与英国 NMH 集团的 Fionnuala McAuliffe 教授交流。 • 与 Irish Drug Delivery Network、David Braiden 博士、都柏林大学康威研究所生物组学平台以及综合配套系统实验室内的生物信息学单位进行合作。 • 与都柏林大学康威研究所共同起草爱尔兰健康食品的 2 号草案。 • 与运动与健康研究所的 Colin Boreham 教授和 Brendan Egan 博士以及圣文森特大学医院的 Donal O'Shea 教授进行合作。 • 与合成和化学生物中心以及纳米医学方面的同事进行初期讨论。从事于纳米医学的 Gil Lee 教授在 2012 年 3 月的访问中会见了咨询委员会的成员。

续表 8

	2014 年主要目标	2011—2012 年	2012—2013 年	成果
多元化科研经费	继续以非财政来源作为科研经费的主要渠道。	继续实施内部辅导计划，用以帮助新加入科研团队的人们理解欧盟的研究议程。 除了以欧盟为科研经费渠道之外，对其他科研项目渠道提出科研经费申请，譬如威康信托基金会。 继续与行业保持良好的合作关系。	继续瞄准欧盟科研项目于经费计划。 与业界合作伙伴成功地拥有安全的专项资金。	• 在 FP7 项目中，研究所继续取得了成功。 • 参与 "show and tell"的大规模活动，与一家大型的食品与饮料跨国公司在爱尔兰健康食品项目中进行合作。 • Fiona McGillicudy 博士，在第一届 SFI－HRB 威康信托基金会研究职业发展奖中被授予 75 万欧元的奖励。 • 研究所的教授们于 2011 年在(The Department of Agriculture, Food and the Marine，以下简称为 DAFM)也取得了极优秀的成绩，这给研究所在 2012－2013 年度带来了超过 200 万欧元的潜在收入。
基础设施	以最先进的科研设备和实施有效的长期维护与升级来支持我们的研究工作。	为了食品科学的新发展和构建三级食品安全设施，将进一步开发包括科研项目渠道在内的一些可选项目。	开发新的科研经费渠道。	• 行政管理小组与相关教授在 2012 年 1 月同都柏林大学建设办公室举行了会面，并就食品科学研究附属相关设施的升级维护进行了初期讨论。
创新	在研究所内部培养、发展创新精神和合作文化。	探索建立一个欧盟食品创业网络。 开发具有更多用途食品创业课程。 在与行业计划内的合作与交流中，继续探讨、开发创新领域。	阶段 1 任务的延续。	• DAFM 批准了 2016 食品与农业毕业生发展拓展计划。 • 与创新成果转化委员会合作。 • Francis Butler 教授获得 Probal 资助资金，用以提高学生们的创业技能以及资助女毕业生创业。 • 作为"WorkWithUs"计划的一部分，研究所与都柏林大学成果孵化中心以及潜在的行业合作伙伴们合作为学生们提供科研创新的实践机会。
人员	研究所通过寻求资金，为引进高水平的创新人才提供研究经费和设立重要的学术职位。	起草关于在国际营养学界创立一个联合机制的提议。	为了两个创新职位而开发外部科研经费渠道。	• 在人类营养学领域内已设立了 3 个学术职位，在食品科学领域内设立了 1 个学术职位。在发展电子学习平台，特别是为发展食品科学专业的电子学习平台，设立了第五个职位获得批准，职位候选人在 2013 年 1 月上任，2013 年 9 月这个职位职能正式运行。
社会责任	在我们的同行、消费者、政策制订者、行业以及潜在的未来学生们当中，开展一个全面的交流沟通项目，从站在国内和国际的角度上分析、描述研究所的情况。	举行至少两个政策研讨会。 致力于成为在欧洲有影响力、备受重视且有话语权的开放的科学论坛。 使都柏林大学成为食品与健康领域的佼佼者。	继续阶段 1 的任务，并进一步拓展宣传沟通渠道以提高研究所的声誉。	• 政策研讨系列会议的第五会议在 2012 年 6 月举行，其会议题目为——食用油税和糖税：它们真的能解决问题吗？ • 名为"养活 2050 年的全世界人口"的重要座谈会 2013 年 1 月成功举办。座谈会的领域有食品浪费和食品链的抗生素耐药性等。 • 作为都柏林市科学庆典活动的一部分，2012 年 7 月，研究所同都柏林理工学院食品发展学院一起，组织了名为"关于爱尔兰食品的大丰收：传统、技术、发展趋势和味道"的活动。 • 研究所与加州大学戴维斯分校一起举办系列联合科研讲座。

4.3.1.2 科学研究

1.关键的研究领域

2011年初，根据专家咨询委员会的建议，食品与健康研究所对其研究活动进行了一次内部审查，将其活动主要分为以下四个领域：①安全健康食品加工；②特定人群对食品营养需求；③功能食品原料；④可持续的食品产业环境。

2.安全健康的食品加工相关研究

对食品生产商、行业和消费者来讲，食品安全问题变得空前的重要。作为一个世界卫生组织研究合作中心，食品与健康研究所的研究员们站在开发安全食品产业链新技术的最前沿，在婴儿配方奶粉中发现了引起新生儿致使感染的克洛诺斯菌(Cronobacter)，在这方面提供相关咨询和技术训练，在该领域内的研究已获得了国际上的认可。

食品与健康研究所的科学家们一直致力于寻找新方法，替代譬如巴氏杀菌法这样的传统杀菌方法，因为传统的杀菌方法虽然能够快速有效地减少潜在病原体，但会对食品的质量产生不良的影响，削弱食品的营养价值。食品与健康研究所目前已开发的食品杀菌新技术包括Ω一射线和无线电波、高压脉冲电场和纳米技术。

食品与健康研究所还加入了几个跨机构性质的联盟，这些联盟主要侧重于微生物定量风险评估，以支持国家的食品风险管理。

A.特定人群对食品营养方案需求的相关研究

以前特定人群对食品营养方案需求被称为目标营养，基于“世界上找不出完全相同的两个人”这个前提，人们提出了“个性化”或“特定人群食品营养方案需求”的概念。传统的营养建议是针对一群人提出的，在这种建议中，健康饮食指导也是针对大部分人的。但是定制营养根据人与人之间的不同而对营养建议进行微调，当然并不是夸张地针对每一个人，而是针对具有某种相似特征的一类人。

食品与健康研究所有几个研究项目正在做特定人群对食品营养需求研究，其中包括国家营养型数据库(JINGO)。这个研究项目通过识别与特定基因结合后能增加一些人患病风险的营养物质，来提供关于基因与饮食的相互作用信息。得出的数据将成为一种国家的资源，它不仅对未来开展的食品与健康方面的研究至关重要，而且有助于抑制老龄肥胖和慢性疾病的人群。不论是食品与健康方面的研究还是老龄人慢性疾病和肥胖的控制，基因与营养物质的交互作用都将逐渐成为其中的关键控制因素。同时，它还将确定的营养表型同特定的转录组、蛋白质组和代谢组联系到一起，或许这将创造出一种更精确的描述营养表型的方法。该研究提供的信息将有助于开发更优质的功能食品和最合理的应用，推进了“特定人群对食品营养方案需求”的概念。

食品与健康研究所是FP7的子项目Food4Me的合作伙伴之一。这个子项目正在定制商业营养模型的发展，探索机遇与挑战。它有22个合作伙伴，涵盖了个性化营养在各个层面的问题，包括商业层面、消费者接受度、技术层面以及法律道德问题等。目前，这个项目正在开展一个大型的定制营养原理调研，测定营养个性化影响，评估定制营养原则对膳食建议有效性和合理性的影响。

除上述专项项目之外，人类营养学的科研人员同其他研究小组一起完成一些联合研究项目，其研究成果在都柏林大学也广受欢迎，譬如与运动与健康研究所、康威生物医学和生物分子学研究所、国家妇产医院、圣文森特大学医院和综合配套系统实验室（CASL）的合作研究。同时，也有几个国家和国际的大型合作项目，包括与爱尔兰大学营养联盟（IUNA）的合作以及与营养基因学协会（NUGO）的合作。

B. 功能食品原料的相关研究

近年来，食品行业一直致力于开发具有附加价值的食品和食品原料。技术的研究与创新是这一研究领域的重要挑战，因为只有成熟的技术才能帮助人们识别食品原料中含有对人体健康有利的和/或能降低患慢性病风险的具有生物活性成分，并使其应用到食品生产中去。食品与健康研究所在该领域内具有独特的科研优势，在牛奶、中草药和海藻等食品生物活性物质分离和加工处理两个方面拥有卓越成果。食品与健康研究所的科学家们在食品配方方面拥有丰富的专业知识，很多资助项目是致力于生物活性物质在食品系统中的疗效测试以及定向释放生物活性物质的微胶囊包埋相关研究。

食品与健康研究所参与了爱尔兰健康食品（FHI）和海洋功能食品研究计划等领域的两项国家重点科研项目，前一个项目以一家资金雄厚的大型企业为主导、多个中心的合作研究，其研究内容是如何从牛奶提取功能成分，并为消费者的健康提供益处；后一个项目的研究目的是从鱼类等主要海洋资源加工废水中提取新的海洋食品原料或制造新的海产品。

C. 可持续食品环境的相关研究

可持续农业不仅为食品工业提供原料来源，还为农业的生产者、食品的消费者、动物和环境维系高标准的健康和福利。譬如可持续农业能够在工业的生产制造对生态环境的冲击和维系农民、加工者和零售商的生计之间达成最佳的平衡。

食品与健康研究所正在对构成食品产业链的可持续性进行调研，譬如猪、牛饲料中添加β-葡聚糖结合适当的管理策略可以降低猪舍、牛棚里氨类氮的排泄对环境产生的不良影响，降低乳品、牛肉可释放氮的含量。

食品与健康研究所的生物资源研究中心，侧重于解决农业、食品以及生物资源部门的可持续发展问题，譬如农业是从事食品原料的生产还是生物燃料的生产之间的抉择等问题。同时，研究人员正在寻求废物可持续利用以及食品生产加工和运输对环境造成的不良影响的解决方案。

除了可持续发展外，消费者同样关心食品安全的可追溯性问题。食品与健康研究所已经研制出一种通过判别牛吃了什么就能找出牛肉原产地的新方法。这种新技术不仅应用于食品的追本溯源上，还会增强消费者对入口食物安全的信心。

4.3.1.3 食品与健康研究所的社会影响力

都柏林大学的发展战略食品与健康是成为一所国际领先的研究密集型大学，这有助于爱尔兰经济的发展，这同时对研究所的使命、目标和政策的形成产生直接的影响。

1. 增强与行业间的关系

食品与健康研究所一直致力于发展和增强与行业间的关系。2010—2011年度在国际开发协会和爱尔兰企业局等机构支持下，食品与健康研究所与包括跨国公司在内的多家行业企业建立了合作伙伴关系。

食品与健康研究所在FP7项目中取得的具有应用前景的科研成果确保了与大型跨国公司和中小型企业进行更深一步的合作，近期在农业、食品以及海洋资源研究项目中获得的科研成果将巩固其同本土中小型企业的合作。2012—2013年度，食品与健康研究所任命了一位业务发展经理，利用已有专业成就，专门负责与行业企业的沟通协调，促进食品与健康研究所的进一步发展。

对于食品与健康研究所而言，科研成果与知识的商业化转换是至关重要的，研究出创新性产品和生产技术与工艺是有商业转化的重要基础。食品与健康研究所目前已拥有大量专利和商业化的技术。下面的案例研究展示了食品科学家是如何在研究中将知识转化成一个具有创新性、有益于消费者健康的商业化新产品。

案例研究：一款健康零食的开发与生产

现在消费者对健康的关注度越来越高，消费者知道很多咸味零食都是高脂、高盐的。都柏林大学食品与健康研究所的O'Riordan教授带领专家们在奶酪加工技术的基础上，开发出一种脂肪和钠含量比普通咸味零食低的有饱腹作用的休闲食品。

这款健康零食的配方和技术已获得专利(EP08844855.0)。这款零食在配方营养上有其独到之处，纤维和蛋白质含量高，几乎不含脂肪，热量低，钠含量与市面上普通零食相比低40%。所涉及的技术包括在热容器中加入所有配料，冷却成形，然后放入微波炉中进行膨胀。largo食品出口有限公司购买了这项专利和专有技术的特许权，目前正在与都柏林大学的科研团队合作进行商业化生产。

爱尔兰健康食品项目是一个为期5年的具有战略性的科研部门与企业合作开发项目。该项目成立于2008年，由都柏林大学食品与健康研究所、爱尔兰科克大学、利默里克大学和爱尔兰TeagascMoorepark研究所合作的基础之上，与来自于Dairygold Food Ingredients Ltd、GlanbiaPlc、Carbery Group和Kerry Group四家爱尔兰乳品企业合作，开发智能牛奶采集和生物安全鉴定筛选平台，该项目一直探究能够促进婴儿发育、有助于控制肥胖和血糖水平、增强免疫力的食品原料。据研究，带有生物活性物质的食品配方将有助于保证乳品的经济产值和人体健康。该项目研究了针对消费者的功能食品，这对乳品产业的发展和抓住市场机遇是十分关键的。

该项目2013年5月完成，为了能充分转化研究阶段的科研成果，董事会和管理团队申请将项目延期5年，着重于商业化阶段的技术转化，同时也会寻求新研发产品进行市场开发，如针对老年人的运动性能和食欲调节的相关功能食品。都柏林大学和食品与健康研究所将继续在爱尔兰健康食品项目中发挥重要作用，并建立权威的技术平台，不断开发各种不同的新原料，不断积累和获取新的发现，同时通过在糖尿病人的血糖调控和孕产妇保健领域的领军地位以及这个技术平台上的科技成果成为食品科学领域的领军者。

2. 国际化

食品与健康研究所近年来投入了大量资源来提高国际声誉并发展与国际高水平的大学的关系，除了与美国和欧盟的国际一流水平大学加强合作之外，注重与中国的大学加强交流与合作。在2010年和2012年就已经有中国农业大学和都柏林大学的学术工作人员进行互访。2012年9月，中国的3个学者注册了食品科学、营养与食品安全领域的研究生课程，人类营养学已被认定为中国大学最有发展的领域。在2012—2013年，食品与健康研究所将探索如何加强与中国农业大学的关系，并特别关注有利于未来关系发展的机制，例如与爱尔兰科学基金会(Science Foundation Ireland，SFI)国际战略合作等。

3.通过人才培养，提升影响力与知名度

人力资源的发展是食品与健康研究所核心原则之一。食品与健康研究所致力于吸引全球最优秀的学生，同时确保他们在第四层次(四层次是指小学、中学、本科和研究生)的教育中有完整的培训，掌握过硬的技能，使用最先进的设备并拥有与其他优秀员工在一起工作的经历。同时，研究所发表的高质量论文及科研项目经费的良好记录吸引科研和学术人员，并积极探索与行业企业的合作，拓展非国库经费来源，以保证在目前的经济情况下高标准教学和科研的运行。随着食品科学与营养工程的本科生数量增多以及研究项目资金的持续增加，要加强对现有先进设备的审核，以确保现有设备都能充分发挥作用并购置新的设备以满足教学和科研目标的实现。

4.促进国家和国际政策的制定以提高社会影响力和知名度

食品与健康研究所除了在传统的学术指标上取得好成绩之外，还定期邀请知名学者以及各国政府、欧盟官员和行业顾问小组成员举办各类政策研讨会，以实现更广泛的社会和经济影响力。例如在2013年6月举行的系列政策研讨会中的第五项议题为“油脂和糖类税能解决什么问题?”出席这次研讨会的有企业捐助方、学术界、非政府机构和欧盟公共卫生代表等。

2013年3月都柏林大学食品与健康研究所在欧盟驻爱尔兰机构总督的资助下举办了“2050年的食物供应”大型学术研讨会，爱尔兰总统等政府要员、知名学者、国际化的大型企业家等到大会演讲，极大地提升了食品与健康研究所的社会影响力(表9)。

表9 提升食品与健康研究所影响力概要

领域	类别	计划在该领域实现的突破
商业影响	• 产业合作 • 技术参股 • 专利销售许可	在与业界密切联系的基础上，在未来12～24个月中继续扩大与企业的合作战果。目标是至少与5家公司确定研究和培训合作关系，商定加强合作路线图，致力于发展商业性研究。
人力资源影响	• 研究人员与产业的衔接 • 吸引专业人员到爱尔兰 • 提升毕业生质量 • 为工厂做人力资源评估	由国际知名专家对研究团队的质量与水平进行评估。 科研人员和研究生有较高素质，很多博士后也加入了研究团队。 现在本科生的入学成绩比国内其他学校要高，确保为未来行业发展提供积极主动的高学术质量的学生。
经济影响	• 科研成果改善人的健康，减少医疗开支 • 增加基础设施经费 • 改善科研工作环境 • 为文化与学术交流提供经费	研究所的科学家通过高质量的科研成果建立了与政策制订者、非政府组织和企业等利益相关者良好关系并获得资助。

续表 9

领域	类别	计划在该领域实现的突破
科研能力影响	· 吸引非国库资金科研项目 · 举办的研讨会、出版物扩大了学界影响力并创收 · 科研效率提升	在吸引非国库资金方面科研一直做得很出色，目前有 50%的收入来源于国库以外。食品与健康研究所不是通过举办会议作为创收的手段，而是建立其学术知名度，产生政策上的影响力，吸引科研经费的投入，促进自身发展。
社会声誉	· 提高食品与健康研究所的学术形象和知名度 · 增强爱尔兰科研声望以引进外来经费投入	食品与健康研究所的科学家在关于食品、健康以及一些环境问题的公共辩论中发挥关键作用，如减少温室气体的排放，替代燃料和可持续的粮食生产等。 食品与健康研究所打造成为该领域国内及国际领先者，以确保其国际学术形象与其卓越的研究成果相匹配。 与国际机构例如工程索引(EI)、国际开发协会(International Development Association，IDA)和国际食品协会(SFI)展开了广泛合作。

4.3.1.4 食品专业毕业生发展计划

食品与健康研究所的研究人员负责指导硕士、博士研究生的科研工作同时承担本科及研究生教学任务，此外从 2006 年，都柏林大学与考克大学(UCC)以及爱尔兰农业与食品发展局(The Irish Agriculture and Food Development Authority，TEAGASC)通过农业食品及海洋局(The Department of Agriculture，Food and the Marine，DAFM)资助，建立了“食品专业毕业生发展计划(FGDP)”，所有爱尔兰大学或科研机构的食品专业的研究生都可以免费参与该计划特定模式的技能培训。

这个方案非常重视培养研究生具有农业食品部门和其他国内及国际机构的领导能力。博士研究生可以参加为期 3 天的住宿培训课程，每门课程 5 学分，可以使学生充分了解都柏林大学食物与健康专业博士阶段的学习及对行业发展应具备的专业素养。

该计划的运行起到了理想的效果，经专家评估该计划已经被 DAFM 批准从 2012 年 5 月延长到 2016 年 9 月。

4.3.1.5 食品与健康研究所的交流机制

1. 交流的品牌

交流有助于知识的传播与转化，可以使公众认识到科研对经济和社会发展的重要价值。研究所与政策制订者、资助机构、工业界、学生以及专家保持交流，才能为社会提供准确信息，发挥其在食品和健康领域的关键作用。交流中品牌很重要，要能准确地描绘出其卓越的科研能力。

作为 2011 年交流活动的一部分(表 10)，研究所提出了一个品牌标语：精湛的科学与完美的食品。这个品牌标语简单而准确地描述食品与健康研究所的目标，展现了食品与健康研究所的特点：具有创新精神及广阔的视野，实现食品的美味、健康、安全和高品质的同时，注重食品环境的可持续发展。

表 10　2011 年的交流计划

目标	客观需求	指标	支持资源
制订全面的交流计划以分析国内外研究所发展的现状与趋势，包括我们的同行、消费者、决策者、业界和未来潜在的学生。	为加强都柏林大学研究工作与国内外政策制订过程的联系，每年举办两次政策研讨会。 通过多种活动，以食品与健康领域的卓越成就为中心扩大都柏林大学的社会影响力。	收集评价表和研讨会的反馈，统计研讨会播客的点击率。 预算载于附录二 在适当的情况下，与都柏林大学信息办公室协商后发布新闻稿。	通过谷歌分析交流的效果并进行评估

2. 对外交流的定位

定位声明：都柏林大学食品与健康研究所是世界级食品与健康领域的研究中心，其内涵包括：

- 年轻，进取，有事业心和创造力，综合多学科；
- 与工业和学术带头人合作进行具有商业价值的学术研究；
- 在爱尔兰食品经济中扮演重要角色，以研究支持经济可持续健康发展；
- 以企业精神致力于通过知识与科技增加行业价值，创造知识产权并创造就业机会；
- 在人员和基础设施方面有雄厚的实力。

3. 实施交流

(1)内部交流。培养员工归属感并且在员工之间分享对未来的愿景，因此对博士后和研究生定期举行科研督察例会，不仅要告知他们正在进行的工作以及研究所的发展状况，更要讨论研究所未来的发展方向并征求他们的意见。研究所鼓励科学家们通过演讲的方式打动观众以支持对外界的交流计划。高级管理团队可以从定期更新的研究成果和会议中得到相关信息。研究所的行政人员将与都柏林大学各相关部门密切合作，开发并维护其内部工作流程并建立档案。

内部交流的关键点：科研符合国家和大学的战略需求，非常值得投资；能吸引数目可观的科研经费；通过有效的内部交流使学术员工成为具有权威性的优秀成员。

(2)外部交流。食品与健康研究所得到都柏林大学科研及相关部门的支持的同时，也会制订一个全面的交流计划，目的是分析国内外的其他研究所的发展现状与趋势。研究所的网站是支撑交流活动的基础，2012—2013 年食品与健康研究所网站进行重新更新和升级。在对外交流活动中，将关注以下对象：

A. 与科研资助方的交流：食品与健康研究所成功的核心是资金，因此展示科研人员的专业知识和科研成果很重要，在总体上通过交流介绍研究平台的科研能力与成果转化能力，以及研究成果与出资方、产业界、学术界和社会的相关性与重要性。

关键信息：与资助方的交流展示食品与健康研究所是一个成功的高效的高产出的科研机构；展示食品与健康研究所精湛的科研能力意味着它可以承担大型科研项目，用科研成效表明食品与健康研究所是欧洲以至全球研究重大前沿项目的领导者，在实施各类科研项目中具有国际竞争力，并且与国际顶尖的食品公司有良好合作关系。

B. 与政策制订者的交流：都柏林大学食品与健康研究所在食品与健康领域有广泛研究项目，以此为基础可以促进相关方面的政策讨论。食品与健康研究所不仅专注于自己的优势，也联合都柏林大学的其他学术团体将科学用于政策制订。

食品与健康研究所举办的一系列高层次研讨会，旨在促进科学的政策制订，并确定食品和健康相关领域的关键性科研需求。在“谋划食品与健康的公共政策”的研讨会上，由学者、政策的决策者、产业界和政府及非政府机构共同研讨有关的政策。

关键信息：食品与健康研究所与政策制订者的有效交流促进并塑造国内、欧盟和国际政策；食品与健康研究所的政策研讨会直接促进关键领域政策的制订，例如食品安全和个人营养；食品与健康研究所促进以事实为基础制订食品与健康相关政策。

C. 与业界的交流：食品与健康研究所与食品行业内保持着积极对话，并且在咨询的基础上为行业提供准确的信息以及指导业界发展方向。食品与健康研究所也借此寻找与产业界、都柏林大学成果孵化以及爱尔兰企业合作的机会，将研究成果带入商业化进程。上节中研究所与政策制订者讨论过的政策文件也会与企业产生共鸣。

关键信息：食品与健康研究所与业界领导者进行广泛而深入的交流合作，开拓有商业价值的研究；为爱尔兰食品行业的整体利益分享知识和专长，并且寻求其他的援助解决面临的实际问题；食品与健康研究所的核心价值体现是以企业家精神领导工业生产的科技进步。

D. 与社会大众的交流：食品与健康研究所将采取合适的形式与方法与广大市民进行交流，向公众宣传研究进展并促进正在进行的研究活动，吸引潜在的本科生和研究生生源。食品与健康研究所开展一系列的大众科普与知识推广活动，邀请公众参与工作研讨会；借助都柏林大学的媒体服务，已经拍摄了一系列的营养科普视频讲座，可以通过网站观看；在大学关系部的支持下，将与对食品和健康感兴趣的记者们发展友好合作关系。

关键信息：包括食品的消费者、学生以及家长在内的社会群体对食品与健康研究所来说十分重要；通过研究成果转化可以创造就业机会，为社区、大学和国家贡献力量；大规模的调查和庞大的消费者调查群体助益于公共健康。

从 2012 年起食品与健康研究所开展系列食品相关政策研讨会活动，每年设立 3.5 万欧元的专项资金支持此项活动。2013 年 1 月，在爱尔兰的欧盟轮值主席主持了题为“2050 年如何养活全世界人口”大型国际研讨会，爱尔兰现任总统 Michael D Higgins 以及爱尔兰前总统 Mary Robinson 夫人在大会发言。在 2013 年下半年将举行关于“食物浪费”系列问题的讨论会。

为加强国际交流与合作，研究所根据 John Kinsella 教授的提议，每年设立 2 万欧元的项目资金支持在都柏林大学和加州大学戴维斯分校轮流举行系列学术讲座，毕业于都柏林大学的 Kinsella 教授现任加州大学戴维斯分校的食品科学学院院长，为讲座提供了支持与帮助（表 11）。

表 11 宣传材料相关支出

项目	维护费用（欧元）	发展费用（欧元）
网站（包括新媒体—推特和博客）		10,000
小册子		5,000
PPT 模板		200
名片		300
博客和视频	5,000	2,000

4.3.1.6 食品与健康研究所的组织结构

都柏林大学食品与健康研究所目前有 33 个正式成员，50 名研究人员，145 名博士研究生，70 名课程型硕士和 25 名研究型硕士，正式成员人均研究经费 153 万欧元，高素质、负责任的科研人员是研究所取得成果的基石，巩固和发展科研队伍才能保证研究所不断的取得成就（图 11）。

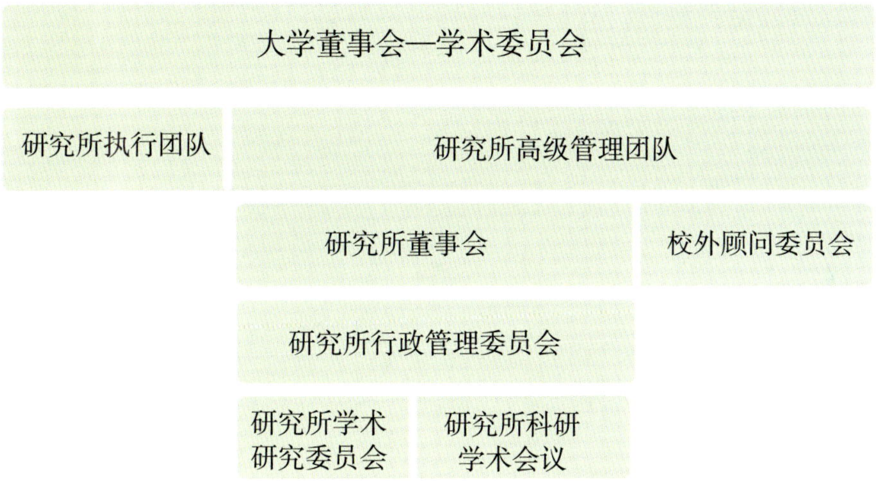

图 11 都柏林大学食品与健康研究所管理构架

2008 年食品与健康研究所成立伊始，相关人员分别隶属于生命科学、农学、食品科学、兽医、共卫生学、人口科学等学院管理。在 2011 年 9 月大学重组期间，食品与健康研究所从生命科学学院分离出来，由学校分管科研的副校长作为研究所董事会主席直接领导研究所工作。在此期间，食品与健康研究所新的监督委员会得以成立，分管科研的副校长辞去研究所董事会主席职位，但仍留任董事会。在 2012—2013 年第一季度选出新一任的研究所董事会主席。

食品与健康研究所实行所长负责制。所长 Michael Gibney 教授负责执行管理团队的工作，常务副所长 Dolores O'Riordan 教授和行政主管 Geraldine Quinn 协助 Michael Gibney 教授工作。食品与健康研究所每周召开一次工作例会，商定日常工作，同时组织核心科研人员每两个月举行一次研究进展例会。校内管理董事会和校外专家咨询委员会参与指导监督。校内管理董事会由校长、分管科研的副校长和学校 5 个研究所的所长组成，每季度食品与健康研究所分别向校内董事会和校外专家咨询委员会报告工作成效和计划，并接受质疑和指导，每四年校内董事会对食品与健康研究所行政班子进行换届改选。

附录一　管理

监督董事会成员和顾问委员会成员见表 12，表 13。

表 12　监督董事会成员

姓名	职务与组织	类别
Prof Des Fitzgerald	都柏林大学副校长	学术界
Prof Mike Gibney	都柏林大学食品与健康研究所所长	学术界
Prof Dolores O'Riordan	都柏林大学食品与健康研究所副所长	学术界
Prof Cecily Kelleher	都柏林大学公共健康与人口科学研究所所长	学术界
Senator Feargal Quinn	参议院行政长官	食品和饮料工业
Prof Maureen Edmondson,	玛氏公司法律事务主管	食品和饮料工业
Prof Alex Evans	都柏林大学农业与食品科学学院院长	学术界

表 13　顾问委员会成员

姓名	职务与组织	类别
Prof Peter Van Bladeren	雀巢全球监督管理和科学事务主席	食品和饮料工业
Prof Diana Banati	欧洲国际生命科学学会执行董事及科学部主任	食品和饮料工业
Prof Peter Morgan	罗维特(Rowett) 研究所主任	国际学术
Mr Gerard O'Neill	Amarach 集团主席	企业顾问
Mr Tom Arnold	全球事务行政长官	非政府组织
Dr Mike Knowles	可口可乐科学和管理事务部主任	食品和饮料工业
Prof Lan Givens	雷丁大学动物科学学院教授	国际学术界

监督委员会与科学顾问委员会计划定期举行工作例会(表 14)。

表 14　会议日程

监督委员会	科学顾问委员会
2012. 9. 18	2013. 3. 12—13
2013. 1. 29	
2013. 3. 26	
2012. 5. 21	

附录二 预算概要

食品与健康研究所在 2008 年成立时，由高等教育局的三级研究机构(PRTLI)研究计划Ⅳ资助，并由都柏林大学生命科学学院提供科研经费。在 2011 年大学即将重组之际，食品与健康研究所归科研副校长管理，修订了 2012—2013 年预算文件(表 15)，预算支持继续启动工业化并任命兼职管理岗位。

表 15 食品与健康研究所 2012—2013 年预算

类别	2012—2013 年预算(欧元)
员工	110,000
办公成本	4,000
交流	29,000
差旅	12,000
工业化	20,000
总计	175,000

附录三 发展模型

食品与健康研究所发展的质变进程与不同阶段的特征如图 12，图 13 所示。

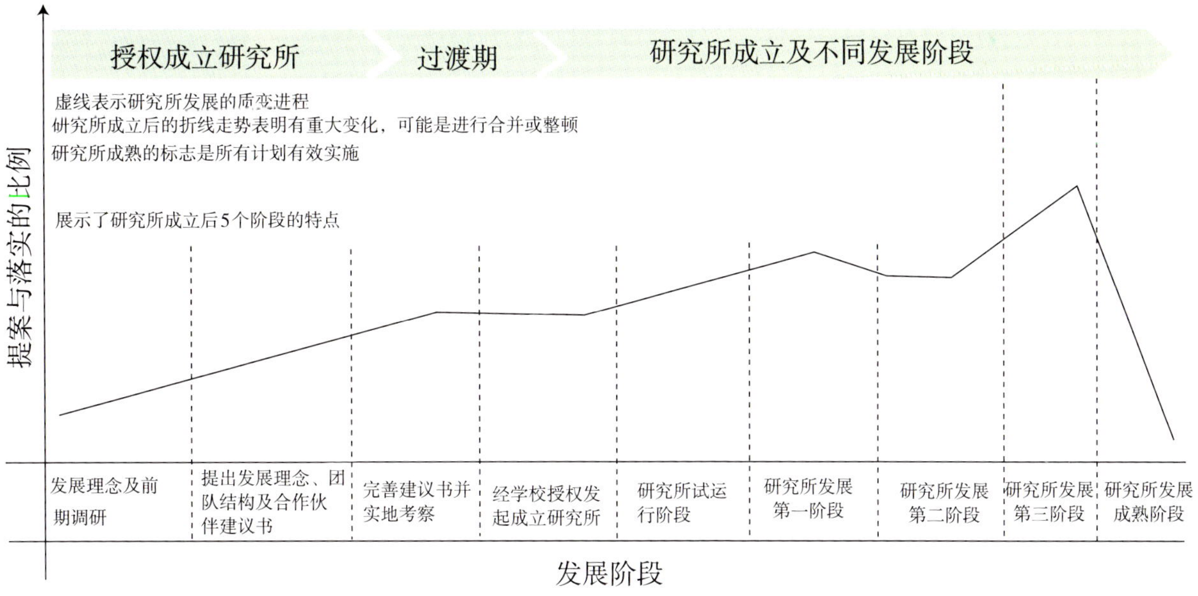

图 12 研究所发展的质变进程

图 13　不同阶段的特征

附录四　食品与健康研究所第四次校外专家咨询理事会

2013 年 3 月 12 日食品与健康研究所校外专家咨询理事会召开,研究未来五年该机构发展规划。

这是一场高级别的学术研讨,是针对都柏林大学食品与健康研究所未来发展的战略性内部研讨会。经该研究所所长 Michael Gibnal 教授的推荐,我有幸出席为期 2 天的会议。在分管学校科研工作的副校长 Triona 博士致辞后,Mike 教授回顾了 2008—2013 年研究所的整体工作,接着营养与健康研究团队、食品质量与加工研究团队、食品安全研究团队负责人分别汇报研究进展。随后,英国亚伯丁大学营养与健康罗维特研究院 Peter Morgan 教授报告了他所领导团队的运行机制和研究成果;雷丁大学农业政策与发展系 Lan Givens 教授介绍了他们的研究成果。会议研究了下一任咨询理事会成员。最后是校外理事会成员单独研究讨论,就过去的成效和未来的战略规划进行意见反馈,并将结论报告给学校,由学校的校内和校外专家委员会研究确定后执行。

出席本次会议的校外咨询委员会成员有:欧洲国际生命科学研究院主任兼可口可乐全球科学与管理事务部 Mike Knowles 博士,雀巢全球监督管理和科学事务主席 Peter J. 博士,雷丁大学动物科学院 Lan Givens 教授,英国亚伯丁大学营养与健康罗维特(Rowett)研究所 Peter Morgan 教授,匈牙利食品研究院院长兼欧洲食品安全局主席 Diana 博士,爱尔兰宪法主席 Tom 博士,欧洲国际生命科学研究院行政与科学主管 Diana 教授等。

4.3.2 都柏林大学化学合成和生物化学中心（CSCB）

化学合成和化学生物中心（CSCB）是都柏林大学（都柏林大学）、都柏林三一学院（TCD）和爱尔兰皇家外科医学院（RCSI）在化学科学领域校际合作研究机构。该中心是由其前身研究团队在获得2 600万英镑的科研资助后，于2002年正式建立。这在爱尔兰也是首次将各大学大批杰出的化学、生物化学及相关学科领域的专家聚集在一起，同时也吸引国际领先水平的科学家和高质量的国际研究生到都柏林大学，通过平等友好的合作与协作，开展化学、生物化学、工业微生物学和化学工程等多学科的联合研究。

该中心的战略目标

基于知识经济的快速发展以及激烈的国际竞争，该机构致力于在化学合成、生物化学和生物医疗研究领域开展国际前沿研究，通过科学研究促进知识进步，谋求环境与人类健康和经济可持续发展，强化国家科学研究和教育资源的基础，促进爱尔兰药物工业的发展；创造化学、生物、医药科学合作的科研环境，重点在分子设计和合成方向，研究生命过程中的化学和生物过程，改变生物目标功能，开发新的药物成分；通过国际合作提高都柏林大学的研究水平，发表高影响因子文章，提升国际影响力，同时为都柏林大学学生提供高质量的科学研究环境和教学项目。

改革与发展的内部和外部驱动

在这之前各学科进行独立的研究，共同的合作十分有限，科研投入与产出不成比例，科研缺乏活力，生物制药产业急缺创新型的领导者和科研人才，科研国际影响力下滑。

改善措施/计划/项目

在跨大学整合科研人才的同时，都柏林大学积极争取爱尔兰科学基金及欧盟科学基金项目，同时从学校财政专项支持该中心科研基础设施建设。2005年购置并安装了3个瓦里安核子旋进磁力仪NMR系统，磁场强度分别为400、500和600B（高斯），建筑面积超过2 300 m^2。2006年2月，包含6个国家级实验室的CSCB科研大楼投入使用，大楼装有48个通风柜，用于三层以上的合成化学实验室，并配备写字间和办公室。当时爱尔兰总理伯蒂·埃亨先生评论说："这项工程最突出的特点就是合作。中心吸引了来自都柏林大学、RCSI和TCD的40位研究人员，很明显你们在尽可能的开发专业知识。"2008年11月，都柏林大学重新装修超过国际最高标准的实验室重新投入使用，同年购自美国Micromass/Waters公司生产的MALDI ToF和GC-ToF两种质谱仪，配备HPLC在线连接ES离子源。

该中心构建了行政任命与学术委员会双轨制的新型管理模式；通过设立主题性结构化博士生项目，引领研究生教育发展；通过提高研究成果的质量，吸引爱尔兰及欧盟的投资。2006年，中心的研究人员实施了一系列新的教学模式，更新现有的合成和化学生物本科生教学模块，重新开发研究生实践课程，为都柏林大学和三一学院开设了首个本科生、研究生教学与科研学位项目。

主要成果

该中心的发展取得了重大的成功，在跨学科合作研究的科研环境下工作，研究者心态发生改变，创造了积极而富有活力的学术氛围，配备了领先国际水平的科研设施和仪器，科学家在各自熟悉的科研领域深入研究的同时，通过合作获得了新的创新思路和学术成就。通过上述的努力，CSCB提高了都柏林大学在全球化学科学领域的知名度。

CSCB招聘了国际领先科学家Oscarson教授，任命了不同领域的4名年轻科学家Drs Rutledge、Paradisi、Evans和Zhu出任学科带头人。CSCB自成立以来吸引了优秀的员工（操作仪器的教授、讲师和技术人员），提高了研究质量。邀请了诺贝尔奖获得者和全球排名靠前的大学顶尖研究人员参加年度研讨会，组织了一系列国际专题研讨会，让世界了解都柏林大学在化学科学的研究。2002年同行评估结果显示，CSCB成立当年就发表了超过1 000篇高水平的学术论文，证实了卓越的科研产出，在国际会议上举办了超过900个墙报展和学术报告。CSCB举办的“合成和化学生物进展”国际研讨会吸引了6位年轻发言人，后来他们都被CSCB聘任，现在其科研成果被公认处于国际领先水平。

CSCB在完成杰出科研成就的同时，积极拓展教学项目。从2006年1月至今，大约有5000名学生参加了相关的科研活动，其中包括研讨会、职业讲座、工作经验周和设施培训等，既把学生展示给顶级的研究人员，又提高了本科生和研究生的培养质量。该中心在药物化学和化学生物学科的交叉领域成功开设了一个新的本科学位，学生的教学环境得到优化和提升。

良好的学术环境和领先的科技产出吸引了全球范围优秀的博士生加入研究生项目和博士后的研究，他们对科研工作起到了重要的作用。这些毕业生是CSCB研究的主要成果，并继续在世界范围开展相关研究，推动爱尔兰制药和新兴生物制药行业的兴起，他们也为提高都柏林大学化学科学的国际影响力做出了很多努力和贡献。从2001到2006年在CSCB进行了跨学科研究生招收，培养了超过300名博士，大批生物制药领域具有创新领导力的博士、博士后充实到新兴行业，缓解了制药工业的人力危机。

从2002年至今该中心从国家和国际获得资助超过8 000万欧元。最近CSCB研究者获得了爱尔兰科学基金（SFI）2100万欧元的资金支持，在2013－2018年开展“合成与固体药剂研究”项目。

持续的工作

CSCB继续努力通过合作实现既定的都柏林大学发展战略，提升科学研究和教学质量，提高战略领域教育和培训的国际领导力，吸引并招聘全球优秀的科学家共同为人类的科技进步做出贡献。

主要内部或外部的不足：受雇于学术、行政和技术支持的大量员工是短期合同制，在这种情况下，一旦合同期满，这些员工就离开了CSCB。员工的缺失对质谱仪等大型设备的操作和科技推广活动造成了困难。为了CSCB的长期目标，应该设置更多长期的岗位。

4.3.3 都柏林大学综合配套系统实验室（CASL）

按都柏林大学的校长Hugh Brady和Des Fitzgerald教授成立跨学科研究机构主张，2006

年末由 Scott Rickard 教授在校外的贝尔菲尔德商业办公区组织创办并进行管理，自主筹集资金，真正地去从事合作创新，到 2010 年 CASL 正式确立为都柏林大学的主要研究机构之一。2010 年学校任命 David Coker 教授为 CASL 主任。2013 年富达投资集团加盟 CASL 实验室。2014 年 CASL 将搬到贝尔菲尔德校园区的理工科学中心。

主要战略目标

以全球化的思想继续发展有活力的多学科合作的研究文化，吸引国际领先的高级学者组成的学术群体，通过各学科间新领域创造性的研究促进国内外科研基金项目的支持。通过强化基础性研究，支撑开发新知识、新技术研究，以实施国家政策和刺激民族经济发展。将 CASL 打造成为对全球文化、经济和社会有益的相关研究领域的领导者。

内外部关键驱动力

2006 年之前，CASL 还不存在，为了迎接跨学科结构性研究的挑战，成立了 CASL。自从爱尔兰的经济低迷后，国家的研究经费减少，国家科研与财政部门已经详细指出一些研究经费受管制的特定的区域，这一管制和经济低迷的结果就是经费投向于会产生经济效应的领域，这就降低了理学专业进行基础研究的能力。

当 CASL 的实体移到新的地点即学校的东校区，要准备面对 CASL 的演变所带来的巨大机遇。从 2014 年开始开发我们新的策略，打造有活力的多学科合作文化，使科学研究与社会需求密切联系，建立与工业界相互沟通的机制。

目前 CASL 的项目会持续到 2014 年，自 2013 年夏开始，该实验室将开始走向 2020 的新科研目标，下一个欧盟支持项目将于 2014 年开始到 2020 年，研究目标更加强调欧洲社会所面临的挑战和研究对经济的影响，这代表着过去科研基金计划的结构性变化。CASL 将逐步加强利用在 2020 年目标下所带来的机会，致力于维持 CASL 的基础性研究，尤其是欧洲研究委员会和居里夫人项目。

目前正在实施的工作

科学交流越来越重要，研究者应该有一些交流所必备的技能，向大众传播他们的科研工作、学术价值和科技成果，因此与相关受益者的成功交流是至关重要的，这项工作首先是将知识与科技成果传授给学生，也即是教学工作。其次就是加强与学术界同行和相关企业界的交流，为了这个目的，我们用了大量的时间和精力去制订交流策略，包括：新的研究生培养方案（REACH）；使用多媒体进行交流；建立 YouTube 频道；启动季刊时事通讯；CASL 合作研讨会；每个学年的每个月 CASL 启动“First Friday”活动，通过网络为 CASL 的研究者提供和工业界交流最新的信息的平台。

目前主要的成果和业绩

由 CASL 提供的多学科间合作研究的良好学术环境，在成员之间受到高度评价，都柏林大学不同学院的研究人员都很喜欢这个没有学科界限和约束的研究环境，没有一个研究机构像 CASL 一样，它对来自不同学校的研究团队是一个挑战。

CASL 每年都会有接近 600 万欧元的研究收入。CASL 本身以“以数学和计算机科学为基础发展跨学科研究”为理念塑造自己。它已经取得了很多的成功，不仅发表了具有学术价值的科技论文，大量的研究果迅速转化成现实生产力：

(1)财务和预算项目,由科学基金会资助600万欧元支持的跨学科研究,使来自计算机科学、财务数学和经济学的研究者和爱尔兰金融服务产业的人员结合起来工作。

(2)小团体研究集群由科学基金会资助500万欧元支持用于网络数据分析和可视化的计算机技术的开发研究。

(3)科研群体通过上述研究积累,随后与都柏林大学的TRIL和CLARITY科研团队相结合,可以成功地与爱尔兰科学基金会(SFI)的国家数据中心相竞争,成果转化收益达到7000万欧元。这意味着爱尔兰科学基金会曾经在科学界最大的投资已经过时,这个是CASL跨学科研究成功的典范。

内部/外部的主要障碍

(1)由于目前爱尔兰经济环境充满挑战,自2010年以来,都柏林大学预算支持的基金每年都在减少。我们正在实施增加经费支持的相关活动,以支持具有挑战性、前瞻性的科学研究。

(2)作为都柏林大学的一个研究机构,CASL缺乏创收机制。CASL的研究人员由学校聘用,研究人员的科研和教学收入给了学校,一定程度抑制了科研积极性。

(3)由于经济不景气,大多数国家的科研经费被更多地定位于应用性研究,留下基础研究的余地不大。没有一个强大的基础研究基地,我们将长期失去适应社会需要的能力。从长远看十分不利。

科学研究

▲博士研究生

▲高压工程研究

▲动力工程实验室

▲铸造工程实验室

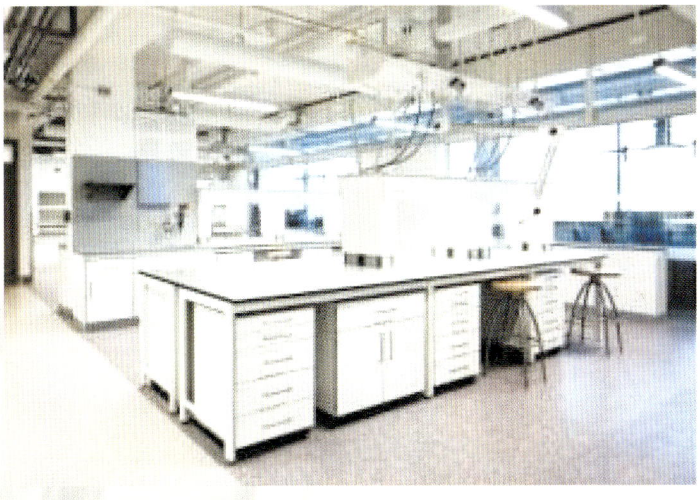

▲标准化的实验室

▲康威生命科学实验室

▲蒸汽工程引擎

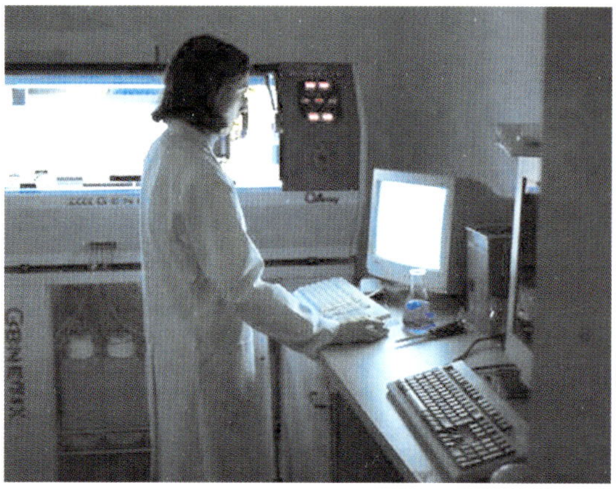

▶计算机生命科学实验室

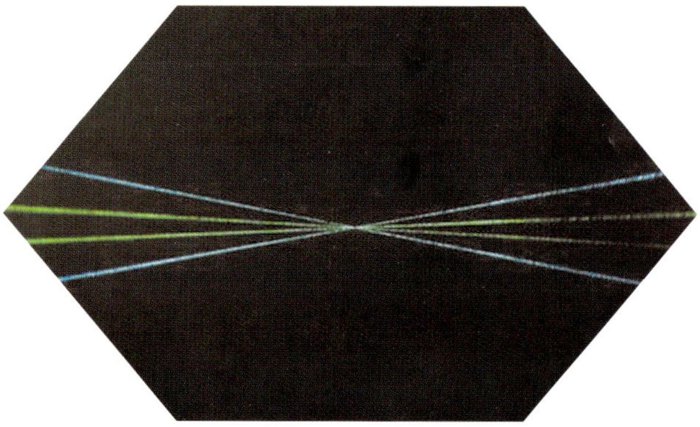

▲激光工程实验室

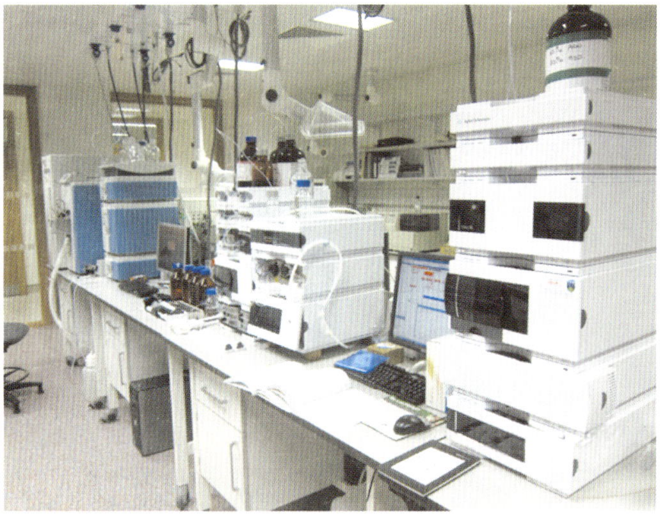

▲食品研究所实验室

▲康威研究中心门厅

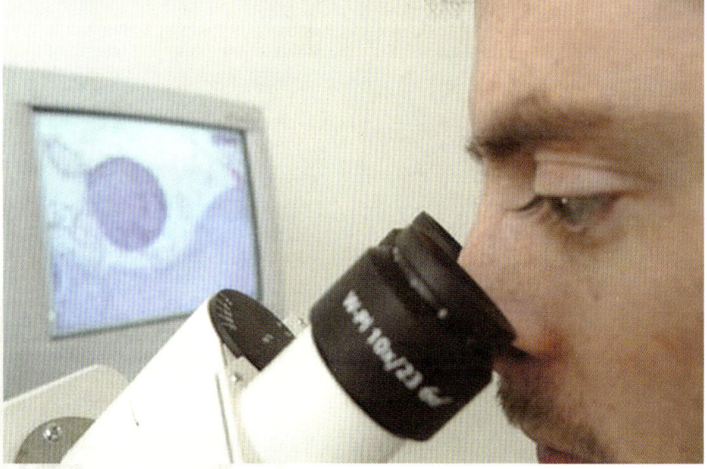

▲细胞实验室

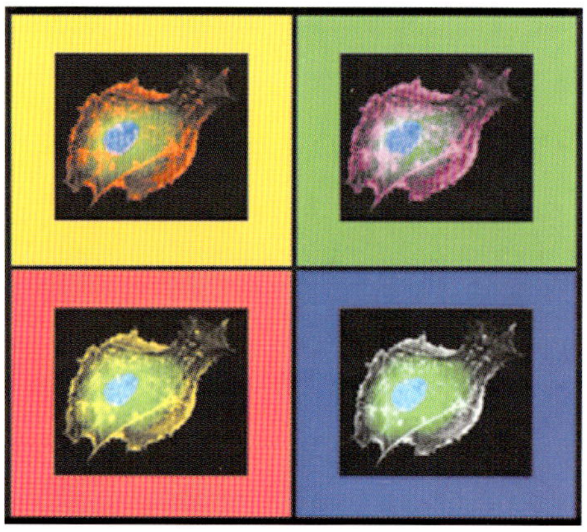

▲基于数据的电子模型

5 后 记

Postscript

5.1 休·布雷迪校长与大学重建

President Hugh Brady and the rebuilding of the university

2004 年 1 月，休·布雷迪(Hugh Brady)博士出任都柏林大学校长之时，纽曼时代的大学光环已渐渐消退，教师照本宣科现象普遍，学科布局杂乱，上任后鉴于在哈佛的经历，他着力打造全新的现代高水平大学，于是大幅度提高教师年薪，一批精英纷纷而至，同时在爱尔兰率先实现模块化的教学质量过程管理，学生学习潜力得到大幅度的发挥。同年被任命为爱尔兰国立大学副领事。

休·布雷迪博士于 1959 年 8 月生，1982 年和 1984 年他分别在都柏林大学获得医学和科学双学位，随后在肾脏生理学和分子医学领域获得硕士和博士学位。他在哈佛大学医学院作为医学讲师、副教授工作了 10 年，他致力于利用基因组学和生物信息学的方法研究分子成分对临床肾感染的治疗作用，主编或参编了 28 部论著。主讲了肾病理学、现代肾学、肾疾病研究进展等课程。期间同时兼任布罗克顿医学中心临床肾科主任医师以及波士顿布里格姆医院主任医师；1996 年他作为临床医学教授回到都柏林大学，作为肾学专家，休·布雷迪博士的研究领域包括肾感染、糖尿病并发症，发表了 150 多篇临床研究论文。他先后担任爱尔兰健康研究董事会成员和主席，出任爱尔兰高等教育局成员，爱尔兰神经学会主席，爱尔兰研究生教育学会主席和多种国际组织成员；在他担任都柏林大学医学教授期间，作为主要负责人为建设凯瑟琳·麦考利医学教育与研究中心、都柏林大学康威分子生物学与分子医学中心发挥了重要作用，这些中心服务于爱尔兰 7 所国立大学的医学教育与研究并建立起大学间科学研究的合作伙伴关系。与此同时，他作为全国本科医学专业大学研究董事会成员，积极探索本科教育的改革和发展。

他在就职仪式中讲到，十多年的北美学习与工作之后再次回到他为之自豪的母校——都柏林大学时内心时常浮现往日读书时美好的时光，对未来的发展满怀激情，都柏林大学的命运和独立、成功和充满活力的爱尔兰的命运紧紧地交织在一起，拥有 150 多年历史的都柏林大学和其毕业生在爱尔兰的进步中发挥了重要的作用，大学将不得不在未来通过雄心勃勃的创造性的成功，继续促进爱尔兰知识社会的蓬勃发展。

他同时表示，都柏林大学要成为教学、科研、创新和参与社会发展相统一的国际领先的研究型大学，我们要努力通过卓越的教学、高质量的研究和奖学金制度，推进知识传播与科技创新，通过对学生知识的传授使他们能够运用新知识来发展未来的事业，开发新型产品，完善新的政策、服务国家进步。

出任校长后，他审视并实施了多项本科生、研究生课程改革，重组学术结构与行政管理体系，打破了原有僵化的大学教育行政格局，显著激活了大学活力，高水平科学产出显著增加，在泰晤士高等教育大学排名榜上都柏林大学的位置迅速跳跃性的提升，使得都柏林大学以清晰的目标和最大化的贡献在爱尔兰大学创新联盟中发挥了重要作用，对大学的改革与发展做出了开创性的工作。他以历史的视角，遵循高等教育发展的客观规律，清晰构建并完善了大学董事会、大学行政团队和大学学术委员会三位一体的运行机制，造就了宽松的具有活力的学术环境，实现了高效的学术产出，有效地抑制了学术权术腐败。他大胆地引入职业化的商业管理团队，注重大学发展中可实施的战略规划，通过过程管理和质量评估造就了现代化的高水平大学。

他用自己所有的爱、智慧、勇气、执着和坚毅，去履行纽曼的大学理念，实现对具有领导力和行业创新能力人才的培养，他没有发表过太多的教育经典论著，但他在任 10 年来，在这所大学所培养的遍布全球的数万优秀毕业生心中永远铭记引以自豪并激励他们敢于担当、勇往直前的母校——都柏林大学和他们的校长休·布雷迪博士。

1869 年哈佛大学第二十一任校长化学家爱略特教授曾经说过，人类的希望取决于那些知识先驱者的思维，他们所思考的事情可能超过一般人几年、几代人甚至几个世纪。都柏林大学近十年的成功就取决于领导者的思维。

5.2 大学本位的思考

Thinking of the student-centered university value

我常常思考当我们对某些事情的理解与客观的规律相左，导致工作举步维艰，也越来越在挫折中感受到求真务实的内涵。大学本位是什么？为什么我们国内有一流的生源，却难以打造国际知名品牌的大学？

5.2.1 大学的使命

大学的使命在于培养高素质国民，以肩负起国家兴旺、产业振兴的责任，并把这种使命以开放的国际化视野，通过有序的规划与制度，在充满活力的学术氛围的日常大学生活中予以实施。今天的大学使命决定着办学质量，直接关系到未来国家的发展和核心竞争力。

5.2.2 大学的精神

大学的精神体现在对知识与真理的渴求，是一种气质和无声的语言，她体现着大学文化的内涵，决定着大学的未来发展。大学精神将由全校的教师、学生和校友共同来体现，当今时代全球化、信息化和多样性极大丰富并冲击着现代高等教育，但人类的可持续的文明进程及其努力方向没有改变，一种普遍性的大学精神适合于任何一所大学，以大学使命为己任，充分发扬学术民主，以求真务实、锐意进取的精神探究未来真理，以开放自信的姿态广泛的开展国际化学术交流与合作，所有这些都成为社会和国际上评价一所大学的共性准则，每一所大学都需要一种既体现共性又具有特质的积极进取的大学精神。

5.2.3 大学的主体

大学的本位对大学的主体的认识，首先是为国家发展和人类进步培养德、智、体、美优秀的乃至卓越的人才，所以工作的重点是培养学生，全心全意为学生的成才服务，这是大学的战略，也是大学的使命，是大学在国家战略和社会发展中优先发展的根本理由，是大学得到社会尊重的根本内容，任何一所国际高水平大学的魅力无不在此！

5.2.4 大学的立法

发达国家对高等教育发展过程中的一些重要的原则性问题进行立法，以充分激活大学发展的活力与保证办学质量为原则，是建立现代大学制度的基础，是社会精细化水平提高的必然趋势。大学的办学使命、大学制度、大学间的合作、大学经费的保障与使用、大学管理者的职责、教师的权利与义务、学生的权利与义务等重大事项需要有法律来予以规范。大学应该少一些官本位意识，少一些功名的追逐，多一些对科学、真理和知识的渴求，这不仅体现了一所大学的品质，也应该是所有知名大学的共同属性，大学需要立法保障大学的发展方向。

5.2.5 大学制度

以学生为本、包容与开放、国际化、学术民主、引领社会进步是现代大学不可逾越的关键词。大学要完成好教学、科学研究和社会服务三个层面的问题需要有长远性的制度加以保障。

(1)大学应该有国际化的眼光，应该广泛参与国际的学术与人才培养的交流与合作，从国际交流中分享彼此经验，平等地与国际知名大学就人才培养和科学研究进行合作，始终站在学术的前沿。

(2) 以学生为本，办好高质量大学。大学生是大学发展的活力所在，是提升教学质量和推动学校发展的新生力量，应该拥有参与学校发展话语权，要充分相信他们的能力与水平，关键问题是我们如何制订好的措施和办法。

(3)大学需要积极与社会交流、合作，需要引进和利用社会资源包括人才以补充大学资源的不足，需要整合社会资源加快学校发展。

(4)大学的学术研究与教学绩效考核应该在科学的体系、国际化标准的前提下运行。

(5)大学的管理应该具有长远的眼光，在可实施的战略规划指导下，有步骤地通过制度保障变成自觉的行为，由行政予以实施，这就是大学制度。

不同国家不同文化背景会有不同的大学制度，欧洲大学的管理董事会与学术委员会双轨制有自己的特色，这对于成熟的发达的高等教育可行，但对于发展中的高等教育不一定适用；美国的大学的学分制有自身的特点，但大学中的模块化教学更加灵活和高效。都柏林大学同时借鉴了上述的优点，并在此基础上结合爱尔兰自身的情况实现了新的提升，赋予现代大学制度新的内涵。这也许是都柏林大学跨越式发展的关键所在吧。

在现代大学制度下少一些权名利的私念，多一些明媚与生机。

附：1997 年 6 月 16 日爱尔兰正式实施大学法，对大学的性质作用予以定义，对管理大学的 38 位成员组成的上议院进行重组，成员包括国家总理、7 名国立大学校长、大学注册主任，政府提名的 4 位成员、大学选举产生的 4 名成员、社会选举产生的 8 名成员皆男女各半，以及增选的 4 名成员。大学法规定了大学入学考试基本制度，教学与课程要求，任命校外审查官，学位及其他文凭等，并对国立大学进行了新的重组。后来我专门阅读了爱尔兰 2001 年修订的《大学及三级研究机构法令》，该法令第一部分主要是规定了该法令只适用于大学和高等研究机构，规定了法令涵盖的内容标题和该法令的任务，其目的是建立和发展针对不同的大学和高等研究机构提供相同质量的课程体系与内容，以便于学生们选修，并对上述大学和研究机构进行规范、指导和管理，这样学生在不同的大学或研究机构学习可以得到相同质量的专业知识、文凭和学位。第二部分是建立国家高等教育委员会，介绍委员会功能、效力，首先明确了该法令的任务。第三部分是介绍成立该委员会的人员组成、常设办公室职能、例会。第四部分介绍委员会工作职员情况、议题最终结论问题等，该法令共 21 个部分。

5.3 大学发展战略

University development strategy

战略规划的意义在于,它是为实现某一目标的智谋纲领,是全局性的长远计划,需要对客观的现实作出评估,分析将要面临的困难和应对措施,确保战略规划实施。都柏林大学每五年的发展战略是通过对大学内部因素和外部环境作出客观评价与全面分析,以建设国际高水平大学为目标而提出的,具有分年度实施的现实操作性,大大降低了管理成本,提高了工作实效。

都柏林大学近10年的成就是由国内知名高校跨入世界高水平大学。

5.3.1 战略背景

1982年是爱尔兰人口出生高峰,1990年爱尔兰实现了大学教育大众化,随后爱尔兰科学基金的成立和大学研究计划的设立,为促进大学发展与科学研究注入活力,科学技术的创新逐渐兴起,接受再教育的终生学习和创新文化开始形成。

1995—2004年爱尔兰年均GDP以7%的速度快速增长,在由经济发达国家组成的全球经济合作发展组织(OECD)中名列第四。1991年以前爱尔兰人移居他国者居多,而1996—2002年入境移民平均每年达2.5万人,2002—2004年入境移民平均每年达4.6万人。在这期间,爱尔兰对税收政策进行了调整,加之软件、电子商务、生物制药等新兴产业的兴起,迫切需要大学为经济发展提供高质量的高科技产业人才。

2003年底,休·布雷迪被任命为大学校长,应该说这是都柏林大学管理局董事会最重要的决策。当时休·布雷迪博士年届44岁,是都柏林大学建校以来最年轻的校长,其专业是肾脏医学,本科是在都柏林大学度过的,后来到美国哈佛医学院工作了9年。他在哈佛深刻地思考美国高水平大学教育与爱尔兰高等教育的差异,总结高等教育发展的趋势和客观规律,并系统研究了国际上高等院校的质量评估体系。结合都柏林大学自身的特点,他在竞聘都柏林大学校长的时候以清晰的目标和实施思路,描绘了重建都柏林大学盛誉的蓝图,因而得到一致的支持。

2004年,尽管建校150年的都柏林大学已经是爱尔兰规模最大的大学,学生人数达到2.6万人,教职员工达3千人,但已经明显感觉到大学的发展落后于社会经济发展的脚步,失去了往日纽曼时代显赫的光环。2005年,都柏林大学开始实施新的五年战略规划,旨在提升其学术地位和国际影响力。

当时都柏林大学面临很多困难,学校声望平平。学校刚刚获得政府审批的新校址不久,很多学科尚未搬入主校区,学科布局凌乱,大量基础设施有待完善,教师照本宣科现象普遍,教学质量受到挑战。休·布雷迪校长提出"大学重建"的理念,通过对大学管理层和学术团队一系列办学思想的转变,将都柏林大学建设成为国际化高水平大学,重振都柏林大学品牌。他说,在大学重建的过程中,要深刻地理解大学的人才培养与科学研究属性,国际高水平的教学与科研的标准是明确的，那就是培养世界一流品质的学生；也要深刻理解教师属性，建立包容、宽松的学术环境，鼓励自由的学术研究，高薪聘任国际领先的学科领导者，留住优秀的员工，设立专项科研经费资助具有发展潜力的优秀学者，这是其在人力资源方面成功的关键。同时，积极发展多层次的大学联盟，开拓国际化视野。

5.3.2 转变观念，组建战略管理团队

大学同样需要很好地经营，这需要优秀的管理人才。休·布雷迪博士认为，大学要发展，首先是观念，如何让管理团队、学术团队具有现代高水平大学的意识和思维是至关重要的。大学要有新思维和新理念，尤其是在改革发展期，要把建设高水平大学的理念通过核心管理团队予以实施，实现一系列的改革与创新。他说从管理创新层面讲，长期在校园里工作的经验是不够的，必须引进高端的战略管理人才。他说长期从事教学与科研的人才其思维习惯很直接，往往在处理复杂系统问题上不像专业的商业管理人才那样客观、周全并具有执行力，大学适当引进高端商界管理人才，可以有效保证大学与社会的沟通，同时选拔学校优秀的教授专家参与到核心管理团队，为大学结构重组与改革提供战略基础。合理的战略规划是大学系统发挥效果的前提，通过战略规划的制订与实施，创造良好的教学、科研环境，以此实现为国家新兴产业培养大量的实用型高端专业人才，振兴大学的声望。

都柏林大学先后从 IBM 公司等多家国际知名企业引进高级管理人才，充实到校长办公室和 IT 中心等重要部门，组建隶属校长办公室的战略规划团队，弥补大学管理人才的缺失，通过科学规划突破制约发展的内外约束，这也是保证校长治学理念得以有效执行的关键。核心团队从长远的角度和战略的层面，谋划人力资源、资金和设施在大学重建过程中教学、科研、社会服务、国际化等方面的分配比重；通过人才培养体系建设、健全学科设置、完善基础设施、培育学科发展驱动力、拓展国际影响力、打造研究机构等角度彰显大学属性、教师属性和学生属性。

为了推进学校改革与发展，提升大学的行政管理能力，都柏林大学吸收了英国和美国高校管理的经验，结合自身情况，完善并规范了行政管理董事会和学术咨询委员会制度。学校行政管理董事会决定并实施学校战略发展规划，监督行政团队实施各项行政工作。行政管理团队由校长直接任命。学术委员会重点负责教学与科研相关事宜，是过程化管理的重要力量，同时对各学院、研究所的教学与科研进行每年一度的考核、咨询和监督，并执行四年一度的学术人事聘任，以实现科学民主的学术管理。

5.3.3 大学结构重组

将所有的资源有效地整合，实现资源利用最大化，是提高设备与基础设施资金使用效率的基本要求，这对于大学的发展、教职工的高效和学生高质量培养极其重要。大学结构重组是实施大学发展战略规划的具体措施之一。

大学机构设置重点在于学院与研究机构分别设置，即教学管理与科学研究相对独立并相互协作，学院职能主要是完成好本科生和研究生的教学工作。1999年之前，都柏林大学有11个学部、110个学院，学科之间很少交流，资源重复配置，运行效率低；整合后组建了7大学院、39个系，极大提高了资源利用效率。

关于大学重组的战略意义，校长休·布雷迪博士曾表示，结构重组不仅克服了资产重复购置和浪费问题，同时使得专家教授从原来大量兼职的行政工作中解脱出来，专心致力于教学和科研。教学与科研人员是大学最根本的资源，需要珍惜并使他们为大学的发展发挥更好的作用。机构重组创造了更好的教与学的氛围和富有创新活力的宽松的科研环境，尤为重要的是，重组实现了由学校教学与科研中的行政驱动转变为参与国际高水平大学竞争、满足社会发展与商业需求的学术驱动。学术研究与产业的结合，产出更高效，科研经费快速增加，科研人员在大学宽松的学术环境下进行创新，这也是大学智能健康的表现。重组也使行政管理更加精干，为未来可持续快速发展打下基础。

伴随院系结构的重组和互联网注册与管理技术的升级，原来学校研究生院的职能下放到各学院来完成，学校的研究生院取消，各学院的研究生日常管理由一名兼职教师协助学术委员会进行。研究生以培养博士生为主，只要具有博士学位、副教授以上职称和课题经费就可以招收博士研究生，没有招收名额限制。

相关院系的合并使得学科之间交流与合作大大增强，带来了新的气息和学术增长点，并使教学质量有效提升。重组后各学院设有分别负责本科生和研究生教学工作办公室，建立注册与动态质量管理体系，并启动了模块化教学改革，全面提升教学动态过程化管理水平。

在学院整合与重组的同时，都柏林大学将优势的科研资源进行整合，在文化与艺术、金融与商务、生物与医药、信息与自动化、工程与制造、光电与激光等方面组建了7个重大的多学科综合研究院、2个工程技术中心、1个爱尔兰科学基金、19个研究中心和专题研究院等一大批高水平研究机构，以打造科研密集型大学。科研人员给本科生授课是岗位职责也是一种自觉的义务，研究机构人事权及授课过程接受各学院的管理；研究机构的人员组成依据科研课题的需求和个人意愿灵活进出，有大量的博士生参与科学研究，同时灵活聘任大量的流动科研人员从事专题研究。重组后研究经费及研究成效也大幅度提升。2005年英国《泰晤士报》大学排名，都柏林大学跃居世界高校第89位，许多学科国际排名达到领先水平，一系列科技论文在 *Science*、*Nature* 发表。

5.3.4 战略规划

大学的发展需要战略规划来统一各部门的思路，以促进大学的协调与可持续发展。

都柏林大学战略规划每5年制订一次，每年有对这一规划的细化。战略规划的制订除了各单位提出之外，学校的管理董事会和学术委员会要进行认真地研讨，这期间会邀请其他知名大学和商界的顾问专家共同质疑，因此规划一旦确定，必定有广泛的共识。

战略规划包括战略目标、发展内外驱动力和障碍分析、为实现目标所承担的项目与主动性分析、成效与产出、当前的工作现状等。校长办公室的战略部主要是负责为学校董事会起草、制订全校发展战略，协调解决战略实施过程中的相关问题，作为战略实施的核心部门与各学院各部门进行沟通；各科研、教学单位在制订规划时有校内外两个专家委员会对此进行审议，学校的学术委员会负责对年度计划或五年规划进行监管。这是一个极其重要的过程管理，确保战略目标的有序有据，因此运行的成本很低，使学校的行政资源高效率运行。

都柏林大学近5年的战略目标是：造就促进学生增长知识、追求真理，崇尚美德，培养学习能力，拥有发现力、创造力和创新精神的校园氛围，不断丰富国际化的经验，打造培养世界一流学生的大学环境；依据学生自我发展的个性化需要，因材施教，使学生在成才过程中潜能得到最大化的发挥；培养出具有优良品质的专业人才，服务社会发展、文化进步和经济繁荣，服务爱尔兰，服务世界；努力打造研究密集型大学，吸引并留住领导学术前沿的专家学者；致力于高水准和高质量的知识与技能的传承；使都柏林大学成为爱尔兰和欧洲高等教育发展的领跑者。

2005年都柏林大学在战略规划中认识到：来自外部的驱动力是，由于互联网技术的发展，学习方式的转变，传统的教学方法已经远远不适应高速信息化时代对人才要求的培养；国家对科研产出的评估表明，大学的科研潜力远未得到充分发挥；全球大学排名和国际影响力、国际形象有待大幅度提升；大学学术结构布局混杂；缺乏清晰的统筹协调与管理；很多政府管理部门人员参与到大学的管理导致行政管理政治化，使得大学的行政职能效率低下，缺乏各层面的沟通，基础设施陈旧。内部发展驱动力是，努力达到国际一流学术水准的教师的质量、博士研究生的科研水平和论文质量。要应对来自国内外高校快速发展的竞争必须布局新的战略规划。

基于上述形势，都柏林大学确定的战略目标是最大程度发挥大学潜力，积极提升大学地位。

都柏林大学同时分析当时改革与发展的瓶颈：资金短缺，缺乏与国际化大学的比较与评估，员工的素质与工会关系有待改善，具有学术领导力的尖端人才短缺等。

重新塑造大学品牌的措施是：建立学校的高层核心管理团队，提升大学的行政领导力；大学结构重组与完善；启动10亿欧元的基础建设项目；启动人才战略项目，招聘国际领先或国际一流发展潜力的学者。

都柏林大学的战略重点是：建设与发展基础性学科；致力于提升科研的积极性；积极发展与国际上高水平大学的伙伴关系，打造国际化的都柏林大学，吸引全球优秀的学生来这里深造；打造制度化的学术与行政管理，避免学术腐败。

学校提出改变传统管理方法，各位副校长、行政人员要确保学校各项工作创新发展的顺利进行，不出现劳资关系问题；改善学校的硬件条件，保障正常运行；确保电子信息系统的正常运行；全面审视学术发展体系，组建多学科研究机构；合并3个独立的信息技术部门，统一协调领导；减少系部数量，增加学院负责人职数，提升学院发展积极性。在人才引进方面，基于成本和发展潜力的考虑，重点引进国际一流大学有潜力的中青年骨干，委以重任。10年前每个学科限额1名教授，为充分调动积极性，改革为每个学科可以有几名教授。各学院、研究机构可以对外招聘,学院学术委员会根据萨尔兹堡原则对教授业绩进行评估以确认导师资格,学术质量优秀的并有充足经费的教授有资格多招研究生,也可以招聘流动科研人员,实验室的使用采取租赁制,试验台及基础设施全部由学校负责投入及维护。

学校同时以项目的形式推进各项工作。2006 年 9 月都柏林大学通过一系列重点与重大项目,全面实施都柏林大学的本科和教学型硕士视野化教学改革,研究生协商式的培养模式得以建立,并运行良好。所有学科实施学期模块化教学,所有学生实行网上注册与网上信息化培养过程管理。各学院履行研究生管理职能,使博士研究生的培养更具有专业性和针对性。

通过战略规划的实施,都柏林大学为本国培养了众多的政界、商界和学界精英,在爱尔兰由传统的农业国家发展成为以互联网信息技术、生物制药、金融与商业服务为支柱产业的新型发达国家的历史进程中,输出了大量的新型专业人才,从而使这所大学盛誉全球,国际排名大幅度提升。

都柏林大学充分认识到,大学的根本任务是向新一代人传播知识,构建宽松的学术环境,促进社会进步与经济发展。学术民主与自由是创造学科多样性的基础,是促进科学研究高质量产出与创新的基本需要。而学术机构与社会的合作不是简单地出售科研成果和技术,而是使科研机构得到利益最大化,这需要具有前瞻性而有活力的政策。这些属性都属于大学内涵的范畴。

通过战略规划的实施,都柏林大学近 10 年的发展成就体现在 3 个方面:①完成了大学结构重组,提升了战略规划与行政管理的制度化水平;②打造了健康的学术环境,学术驱动替代行政驱动,赋予大学学术生机与活力;③通过信息系统的整合,构建了合理的行政管理运行结构,提升运行实效。

5.4 创新与大学文化

Innovation and university culture

创新是一所研究型大学对未来发展规律的客观认识，是研究型大学的重要品质与气质；创新是一种文化，意味着不完全依赖于原有的知识，更多的人通过文化自觉，利用各种研究手段进行发明创造，通过信息传递加速大学发展。创新在推动发展的同时，也促进学科的交融和团队的凝聚，实现更完美的创新。创新需要健康的运行规则、政策创新、管理模式创新、教学方式创新、科学研究创新等都需要克服原有的僵化与束缚，迎来新的生机。创新也将成为大学参与全球竞争的重要手段，未来大学地位和领导力必将通过创新重建。

创新是大学活力和业绩的源泉，都柏林大学把创新的理念落实到各单位各部门的年度计划中，落实到每个管理与科研人员的具体工作中，这一点我感受至深。创新激活了大学的每一个元素，大学所有内外资源得以最大化地利用，在高水平"大学重建"实践中，你会感受到无处不在的创新脉搏。都柏林大学组建的科技创新与孵化中心，以创新的理念担负起大学科技成果转化的职能，对申请加入孵化中心的教工或学生，不仅提供资金支持，还有职业顾问参与过程管理，提高了成果转化与企业孵化成功率，并持续地给学校带来可观的经济收益。都柏林大学还积极参与组建了全球 25 所知名高校校长联盟，每年有 1 周的例会，彼此分享高等院校国际化的信息。

在与都柏林大学战略规划部主任 Tony Carey 博士交谈的时候，他重点强调都柏林大学的创新文化。他说，大学创新与大学文化密切相关，都柏林大学的创新是基于实现欧洲顶级研究型大学的目标和愿望，校长的权利与管理系统都是基于实现制度化的科学民主管理和多样化的大学生活体验。以往学校在创新方面注重的是时间管理，现在则强调通过对每个人创新性的工作和协调性的管理，实现现代化高水平大学的理念、价值及精神，最终在学生知识传授、技能培养、创新能力提升等方面体现大学质量。学校已实施了一套新的学制，模块化课程体系可以为学生提供更大范围的灵活性和自由选择，丰富他们在都柏林大学的学习生涯。

都柏林大学科研人员组建了爱尔兰第一个全国生物医药创新园，与企业形成创新联盟，一期投资 7 500 万欧元，负责成果转化、创新工艺研究和专业技能培训。都柏林大学爱尔兰全球研究所与美国贝尔菲尔德众议院合作建立了都柏林大学威廉·杰斐逊·克林顿中心，所有这些都是基于创新的大学文化而设立的。

5.4.1 大学发展中的创新

每一所大学都有独特的文化内涵，这既是历史传承也具有时代特征。不同于规章是一种硬性约束，文化则是一种引领，其目的是形成团队及个体的文化自觉，从而在现实的工作中形成强大的生命力，以一种积极主动的正能量克服内部的惰性和外部的挑战。文化内涵的形成与特定的战略规划密切相关，要实现规划的奋斗目标，要有措施。措施不是对结果的奖惩，而是过程管理，战略规划、文化自觉与过程管理有机呼应，团队的力量便水到渠成。

创新不是新的术语，许许多多的创新成就举不胜举。2008年，都柏林大学受到经济危机和就业等外部环境的压力，教学质量、科研产出以及服务社会的影响力面临严重挑战。经过缜密的研究，学校将“创新”作为大学发展战略的文化内涵来打造，要求教学、科研、社会服务各部门把创新作为制订工作规划的基本要求，各单位每年都要提交创新规划。规划经各单位学术委员会讨论后上报，学校管理董事会、学术委员会予以监督执行，确保创新落到实处。

学校专门成立创新部，即科技成果孵化园，负责全校科技成果的孵化。原来学校很难从科技成果转化中获益，创新部成立后，专门设立投资基金，对有意愿入园的成果和项目进行商业评估和可行性评价，并给予资金、场地、办公条件支持，同时以学校名义参股。经过几年的努力，已经孵化出上市公司，学校收益持续增加，成为学校发展不可缺少的资金来源。

本科生教学方面，学校将五年创新战略规划分解到年度创新战略报告当中，报请学术委员会批准后，分管副校长负责行政执行。近年来实行了视野化模块教学改革，打造“愉快学习”的理念，例如数学、英语课程分别成立了教学中心。教学中心每月都可以注册，根据学习时间的长短和内容确定学分；学生学习感觉困难时可以免费申请高年级同学的辅导；基础课的创新在于注重对学生非应试的专业技能和兴趣的培训，学校同时为教师改进教学方法提供辅导和相关资料，提高教师技能；学术委员会起督导作用。

教授和研究人员给本科生上课是基本的职业要求，也是一种文化自觉，不上课的教授会被认为是没责任心和过于功利。每一门课程有经典参考书，教师会在开课之前将课件上传到学校网站，选课的学生可以自由下载。每一门课程包括教师授课、小组辅导与研讨、学生下载教师布置的阅读资料并完成作业、实验实习、考核等基本环节。课程结束后学生会反馈学习效果，并对教师教学质量做出评估，确保教学质量。

科研方面特别注重学科的交叉与融合，为争取国内外项目，参与产业合作，实现高水平产出，都柏林大学不同院系、专业的专家可以组成研究机构或与外校科学家组成研究团队。各研究机构有校外和校内2个学术委员会，每年对创新计划进行研讨，对科研投入与产出进行评估，好的技术成果在正式发表前要申报专利获得知识产权保护，专利的获得可视为成果鉴定。

5.4.2 网络中心的创新

加强与国际大型网络通信公司合作，节省经费投入；无线网络实现校园全覆盖，学生利用手机、iPAD及手提电脑可以随时随地学习；将学生注册、授课资料上传与下载、学生培养过程档案及相关过程管理、图书文献查阅、个人信箱终端、缴费与报销、打印传真等办公自动化、科研项目与经费管理、经费使用限量网上自动提示等功能进行整合，节省大量的人力，大幅度提高工作效率。

5.4.3 基建创新

在建筑项目的设计上，特别注重长远规划，整体风格协调、美观，注重基础设放的功能齐备，例如在建设教学楼的设计中对教室的采光、网络的布局、学生公共休息场所与学习讨论区域、公用打印设备等的配备都按国际标准统筹设计。

创新已经成为当今研究型大学的重要特质。如果机体单元内外环境调整到良好的状态，那么整体功能必定得到有效地发挥。一所大学进入一种良性运转的状态，那必定意味着步入了发展快车道。如果说过去一所大学靠大师支撑，那么在当今全球信息化与技术创新层出不穷的时代，必将由群星璀璨的各种人才来推动大学发展，这个转变靠的就是创新。

以学生为本、包容与开放、国际化、学术民主、引领社会进步是现代大学不可逾越的关键词。都柏林大学实现上述理念的路径是创新，创新已经成为这所大学的文化体现和活力支点，体现在这所大学治校理念的文化传承，体现在以最小的成本克服发展中的困难，体现在资源利用最大化的有效整合，体现在一所大学跨越式发展的高效运行机制。在大学的管理构架、院系布局、研究机构建设、研究中心以及研究集群的设立、信息数字化系统、国际化交流、大学与政府互动、大学与企业合作新模式等方面，创新赋予了这所大学新的生机与活力。

5.5 都柏林大学的国际化

Internationalization of University College Dublin

2013 年 6 月 11 日下午，我和都柏林大学国际部主任 Alex Metcalfe 进行了 1 小时的交流。他说国际化是都柏林大学近 10 年来发展战略的重要部分，学校把开展国际化工作看成是提升大学国际影响力和全球化视野、推动学校发展的重要驱动力，这使得都柏林大学真正成为一所充满活力的学术创新型大学。都柏林大学系统研究了近 10 年来开展国际化工作富有成效的知名大学，并与之建立长期友好的合作关系，积极开展管理层、专家教授、学生培养等多层面立体化的国际交流，分享彼此改革与发展的成功经验，使原来仅仅在爱尔兰出名的都柏林大学一跃成为当今全球知名的大学，有力地推动了教学、科研、招生与学生培养的国际化交流与合作，都柏林大学整体实力显著提升。2009 年美国《时代周刊》大学排名中，都柏林大学总体实力排名第 89 位。

都柏林大学国际部的五年战略规划在更高的层面进行通盘考虑并定位国际化的工作，许多经验来自英国罗素大学集团（The Russell Group）和美国常春藤盟校关于发展研究型大学的成功经验。都柏林大学也与全球 23 所知名的研究型大学结成联盟，每年轮流组织召开大学校长论坛，交流经验促进合作。

学校积极说服政府和有关机构从资金、政策等方面支持都柏林大学的国际化工作，同时要求各学院及部门在开展相关国际化工作时要有全球化的视野。国际部主要是负责大学与相关国家政府、机构及大学间合作关系的建立，以及国际招生与交换生培养等相关工作。国际部根据创新型大学的国际标准，在网上为国际生提供英语等有关专业的资质考试，并颁发证书。国际科研合作一般在各学院或研究团队中开展，如需要国际部的协助，他们也会积极参与。国际部主任是毕业于剑桥大学公共关系专业的博士，该部门工作人员都具有国际化的工作经验和多种语言的交流能力。

2012 年都柏林大学国际生数量为 5 100 人，占全校学生的 22%，包括本科生、硕士生和博士研究生，其中来自欧盟国家的学生占国际生的 1/2。国际生来自以下几种渠道：一是大学间的交流合作，欧盟有专门的支持计划，各大学间有交换协议，由欧盟专项经费支持；二是都柏林大学与全球 23 所知名大学有合作，相互借鉴办学质量标准、考核与资质等，接轨国际最前沿的教育理念与方法，并建立起 1+1、2+2 等不同的交换培养模式；三是都柏林大学在许多国家和地区及大学有办事处，负责宣传、促进和协调与各大学、招生培训机构以及政府的合作，每年来自合作机构推荐的本科生约 500 人，来自亚洲、美洲及中东地区或国家的本科生要求有英语资格，并结合当地招生条件确定都柏林大学的入学资格，国际部负责网上信息发布和答疑。近年来都柏林大学注重与中国的合作，在中国地区的招生人数大幅度增加。

国际部的另一项职能是帮助国际生尽快适应都柏林大学的学习生活，有专门的老师帮助学生解决相关问题，迎新周与各学院合作介绍学科、学院和学校相关信息。国际生有专门的国际长廊，便于与指导老师交流，便于学生间的互动和开展各种活动，网上也会为国际生提供各种指导信息。同时针对不同国家的学生开设英语过渡性的课程，缩短学生的适应时间。新学期国际部会招聘高年级同学为助工，为新生介绍模块化选课和专业咨询，帮助新生尽快确定自己感兴趣的学科。

大学国际化的另一重要内涵是科学研究与学术发展上的全球化视野。都柏林大学学术的国际化交流与合作非常频繁，国际组织及欧美很多研究机构和研究项目在这里落户，国际学术会议、学者与学生的互访和交换交流，有效地促进了学术水平、教学质量与人才培养质量的提高。

2013 年 7 月 17 日，都柏林大学管理局主席德莫特·加拉格尔先生宣布任命现任英国科学院院长、主席安德鲁教授出任从 2014 年 1 月之后未来 10 年的都柏林大学校长。德莫特在致辞中说："安德鲁教授是大学出色的领导者。都柏林大学现在处于竞争激烈的国际高等教育舞台上，安德鲁先生的国际化眼光和他的知识与专长可以帮助我们使都柏林大学得到更大的发展，并以此加强我们的国家地位。"

安德鲁教授拥有英国和澳大利亚国籍，他 1984 年毕业于西澳大利亚珀斯大学土木工程专业，1988 年获得博士学位。2004—2009 年安德鲁教授曾担任西澳大利亚珀斯大学土木与资源工程学院院长，他是一位国际领先的计算力学专家，特别是在计算机科学与工程的规模界面有限元素半解析法解决弹性静力学、弹性动力学和相关工程问题方面卓有建树。他在结构力学、结构动力学、动态土壤结构相互作用方面的成就令人瞩目。他将计算机支持的建模和仿真，打造成为基于在理论和实验之外的支持所有科学领域发展的，第三支柱。他任院长期间创建了工业界与大学有效合作的新模式，大大提高了学生的专业经历与培养质量，在校学生人数翻了一番。他坚定地发展教学质量改革并卓有成效，承诺学生获得奖学金和奖励的比例与数量，他自身卓越的教学成就获得了学生的普遍欢迎并多次获得教学奖。

2009 年安德鲁教授加盟英国杜伦大学，出任分管学科发展副校长。他在任职期间以全球化的战略，广泛发展国际合作伙伴，他可以讲中文普通话，特别是与中国和巴西的合作成效显著。安德鲁教授所工作的杜伦大学是 2012 年《时代周刊》高等教育世界大学排名前 100 名的大学，同年在英国完整的大学指南中，杜伦大学在 116 个英国高等教育机构中排名第 5 位。

安德鲁教授在就任命仪式上说："我非常期待作为都柏林大学校长，使大学的发展在爱尔兰的建设中发挥最大化的作用。都柏林大学在爱尔兰社会和经济中发挥着独特作用，在休·布雷迪博士的管理下，已经成为一个真正意义上的国际化大学，取得了令人印象深刻的进展。我将以在英国、澳大利亚的工作经验和我致力于都柏林大学发展的不容置疑的雄心和能量，确保来到都柏林大学的全球学生获得最高标准的学习环境、知识和奖学金，感受国际化的文化，通过优秀人才的培养使这个国家和全球受益。"

5.6 大学联盟
University and College Union

5.6.1 大学联盟的时代背景

当今大学的发展面临全球化的激烈竞争和巨大的质量危机与挑战，需要我们发现新的有效应对的方式。同时，由于信息化对人才培养与科技进步的所有体系产生影响，要求我们对大学当前的形势和未来发展的方向有新的理解，负责任地开拓新的教育途径，在整合好区域性经验的基础上，通过交流与合作有效处理这些议题。这意味着通过全新的方式和行动，可持续地克服陈旧封闭化教育模式的不良影响。

从客观的角度讲，人类进步的方式将长期依靠我们当今和未来联合起来对教育的发展做出反应。在这一过程中，知识的传播是关键的因素，高等教育机构（HEIs）处于知识的中心地位并发挥关键性作用。高等教育机构应该自觉地、有意识地分析与教育相关的各种挑战或者变化发生的原因、可能发展的趋势、介入或干预的措施，指导这些变化在全球范围内朝向好的方向发展。

从当今历史节点的角度，我们对事物真理的认识和理解主要基于科学。我们对知识的理解和应用仅是知识本身很小的一部分，基本是限于如何指导我们去生存，而如今面对瞬息万变的信息社会，以及由此为我们带来的对当代教育全新模式的理解与挑战，也是科学本身。

信息时代广泛而可持续的知识传播、教育发展和科学研究造就了知识型社会，这不仅创造了经济上的财富，而且对社会进步的贡献远远超过了创造经济价值。知识的传播对社会的每一个人、每一项活动都产生重要的影响。

知识通过不同的形式变化与组合形式服务于社会，我们需要连接不同种类和来源的知识，以帮助我们理解不同的文化，造就不同知识与不同国籍之间的联系，因此，必须主动地对过去理念上的局限进行批评，帮助我们克服对事物一致性的认识，以此允许我们通过思考新的生存和发展的途径，走向多样性的创新之路。

知识有益于形成伦理意识，有益于人们自觉的承担义务，也有益于成为专业人才。增进知识可以使人们更深的理解社会与环境给予我们的启示，并增加资源投入去分析科学技术对社会的影响。

知识可以与民主、国籍、文化相互联系、相互依存，知识可以创造新的更加深入的互利共享途径，彼此理解生活的动力。我们发现近些年一些新的术语出现，例如“社会设立的大学奖学金”、“社会参与大学教育”、“研究型社区”、“社区大学研究伙伴”、“高等教育参与公共事物”等等，所有这些新的术语都是着眼于高等教育机构与社会广泛的开展交流与合作，运用知识去创新，拓展社会与大学之间相互的影响。

就目前而言，高等教育机构被赋予了三方面职能：教学、科研和社会服务，其中社会服务职能被看成独立于教学和科研之外，而上述术语主要是指高等教育机构的教学科研与社会结合，然后才是服务。“参与”是相互的，其内涵需要我们以更新的和更深的内容加以理解，远远超越了我们通常所谈到的大学的第三个功能——社会服务职能，这是知识价值的新形式。

以往高等教育机构的社会服务是将知识或专业技术有效的转移到社会，并因此帮助社会解决相关问题。现在看来社会可以参与到这些知识或技术的研究与实践当中，这样反过来可以更好地提升大学自身的质量和对社会的贡献，尤其是提升大学的教学和科研水平，减少纸上谈兵。

所有这些都将会成为大学创新的内涵。

5.6.2 都柏林大学的大学联盟

在当今信息化时代，大学的创新首先需要来自信息方面的支撑，这是大学联盟的功能之一。都柏林大学与全球 21 所高水平大学结成合作联盟，为大学的创新提供了信息和经验。这些高等教育机构的政策制订者、领导者和实践者每年召开一次研讨会，通过有声望的专家、创新实践者的对话，开启大学间彼此的交流，探讨未来的发展设计，分析并分享彼此的经验，通过《世界高等教育》杂志和互联网传播大会成果。大学联盟联席会议通过介绍良好的创新实践、项目示范以及相关工作经验，为高等教育的实践者提供改进大学发展的工具与菜单，使大学之间建立起信息网络，从全球化的角度重新思考高等教育机构的责任，使之成为社会创新的核心组成部分。

都柏林大学的大学联盟包括与国际高水平大学之间的联盟、与国内大学之间的联盟、大学与社会及企业间的联盟、大学内部学科之间的联盟等。所有的联盟都是谋求构建平等互利关系的基础上，建立长远稳定的合作关系，实现资源与信息共享，谋求各自发展中最大的效益。

5.6.2.1 国际联盟

都柏林大学参与的国际 21 所大学联盟(U21)成立于 1997 年，当初是由 15 个国家的 21 所国际领先的研究型综合性大学组成，其所有成员大学共有 70 多万名学生，14.5 万名员工，拥有近 250 万名校友。随着高等教育全球化趋势的发展，该联盟成员也从最初的 21 所大学发展到目前的 27 所大学，包括爱尔兰都柏林大学，澳大利亚的墨尔本大学、新南威尔士大学、昆士兰大学，加拿大的麦吉尔大学、英属哥伦比亚大学，智利天主教大学，中国的复旦大学、上海交通大学、香港大学，印度德里大学，日本早稻田大学，墨西哥蒙特雷德科技大学，新西兰奥克兰大学，新加坡国立大学，南非约翰内斯堡大学，韩国高丽大学，瑞典隆德大学，荷兰阿姆斯特丹大学，英国的伯明翰大学、爱丁堡大学、格拉斯哥大学、诺丁汉大学，美国的俄亥俄州立大学、康涅狄格大学、马里兰大学、弗吉尼亚大学。

据悉，目前 U21 联盟已与北京大学展开有关合作。都柏林大学广泛的国际交流与合作，为其招生及发展创造了大量的机遇。

1. U21联盟宗旨与任务

U21联盟的宗旨是：通过大学领导人、学者与学生多层面的学术合作与交流活动，促进成员大学之间的协作和合作，并创建能够实现超越单独经营或传统双边联盟合作的共赢效益平台，彼此提供有质量保证的高等教育合作国际网络。

U21开展各项活动的基本原则是：从高等教育全球性的角度和发展趋势，追求卓越质量，通过参与协作和合作，创造多边机会，确保有明确的成效，追求可持续性创新。

U21成员大学每年轮流作为执行理事会主席单位，负责组织实施年会等有关工作，主席单位校长全面负责相关工作。每年的年会审议一年来的工作成效。

U21设有固定的秘书处，由资深专职经理人组成。秘书长负责U21发展战略、相关政策制订、组织实施相关工作；副秘书长负责教育创新与网络的高效运营；管理经理负责规划与实施重大活动，保障网络运营、宣传与通讯等；发展经理负责促进研究人员学术间的交流与合作；财务总监负责财务管理；学生活动经理负责国际学生学术交流与相关活动质量评估，以丰富国际联盟大学成员学生学习与交流的经历；行政部经理负责网络正常运行；科学经理负责根据战略规划实施科研合作有关工作。

通过每年一度的U21大学领导人论坛，分享彼此在发展中的成功经验；通过教师、学生间的交流与合作，创造最佳联合教学与科研实践机会，为师生提供全球化的经历，教师与学生可以通过彼此开放的网络共享教学资源，U21间可以共同授予学位；通过全球交流，激发师生全球化的思维与视角；激发具有挑战性的协作与合作精神；培养师生的职业生涯。

2. U21联盟活动

2008年由昆士兰大学发起的三分钟视频演讲比赛，其目的是提升大学生沟通能力。各大学选拔出的冠军参加U21联盟决赛，通过国际业界和学术界的专业人士评判，获奖者将获得2 500美元助学金并自己选择参观U21的大学，以利于他们对未来发展思考，这项活动取得了巨大的成功。

2008年U21成员爱丁堡大学发育生物学的玛丽教授倡议成立U21研究生院院长及董事领导小组(Deans and Directors of Graduate Studies，DDOGS)合作交流机制，促使成员大学间研究生院院长组织相关学术活动，增进接触，交流发展经验，并开发和培育国际研究社区，讨论当前成员大学间发展的基准问题和最佳人才培养实践，共享教育理念、专业发展素材和方案，分享核心政策、程序和信息系统，资助国际协作和交流，以促进U21大学学术研究集群凝练发展重点、明确发展方向。

DDOGS设有秘书处，每年对工作成效进行总结并确定未来的工作计划，收集、研究、评估全部成员间网络互动的质量与影响力，宣传各自促进科研诚信的良好做法，为博士生提供职业生涯早期的最前沿的经验以及良好实践的标杆性活动，通过各种联合培养，充分发挥研究生学习自主能动性和科研潜能。

秘书处组织了系列研究生学术活动，第一次正式会议于2008年在伯明翰大学举行，会议主题是水与环境；2009年在墨尔本和布里斯班举办了第二次学术会议，主题为未来的可持续城市发展；2010年在诺丁汉大学马来西亚校区举行第三次学术研讨会，主题为食品科学与安全;2010 年 11 月在澳大利亚昆士兰大学召开工作性会议,策划与实施客座研究员和研究生交换协议、研究生科研学术会议、联合开设博士课程、U21 联合培养博士项目、全球研究伦理和科研诚信的模块建设、研究员职业生涯工作坊、研究员和研究生流动协作组等;2012 年大学联盟研讨会首要目标是探讨未来 10 年如何使高等教育机构朝公正、可持续方向发展,如何对市民、地区乃至全球行使社会责任,分享不同的理念和经验下的途径与方法;另一目标是,对高等教育机构过去 10～15 年的重大发展动态给予精准的评价,分析理论与实践如何有效衔接;讨论全球高等教育各自针对区域性社会经济需求所面临的形势,分析其对高等教育结构、机制和运行活力的影响,探讨高等教育如何通过改善教学过程、提升研究质量,有效地与社会、地区、国家乃至全球的人才需求相对接。通过交流也会发现不同区域高等教育发展在知识传授方面相似或相同的规律性,增加创新的信心。

2013 年 7 月在都柏林大学举办了主题为新型能源的学术研讨会。2013 年 8 月 6—7 日在都柏林大学召开 U21 大学研究员协作组研讨会,研究如何有效利用国际资金开展科研合作、如何有效促进人员交流与合作、科学基金管理等;2013 年 8 月 28 日在德国慕尼黑伯明翰艾吉巴斯顿大学讨论如何利用互联网促进交流与合作;2013 年 9 月 2—3 日在爱尔兰都柏林大学举办健康科学博士生论坛。

5.6.2.2 爱尔兰国家大学联盟

1907 年爱尔兰颁布的大学法中规定成立爱尔兰国家大学联盟,其使命是为爱尔兰的大学提出发展目标,致力于为爱尔兰的教育、文化、经济发展和社会进步服务。爱尔兰大学联盟由爱尔兰大学管理局管理,大学联盟的日常事务由来自爱尔兰国立大学参议院成员及其他参议院成员共 38 名成员组成的团队进行协商管理,日常工作由办公室主任 1 人,负责大学注册工作的注册师 1 人,4 名政府直接任命的成员、4 名各大学选举产生的成员、4 名公众选举产生的成员、4 名有影响的指定人员组成行政执行团队予以的实施,主席由总理担任。1914 年参议院决定 4 所大学成员的大学校长轮流担任副主席,副主席助理可以在副主席休假或缺席时代为参加有关会议。

大学联盟由都柏林大学、科克大学、高威大学、梅努斯大学等 4 所国立大学组成,还有 5 所国立学院即皇家外科学院、香酒店管理学院、米尔顿研究所和都柏林大学园林与设计学院等组成。

1907 年爱尔兰大学法和 1997 年 6 月 16 日修订实施新的爱尔兰大学法规定了爱尔兰国家大学参议院成员的权利和职责。《大学法》规定了国家大学联盟中国家参议员的责任和作用是:决定大学入学考试及基本要求,检查教学课程及授课内容;任命校外审查官,授予学位和其他学历资格认证;大学校长的任命与权利等。爱尔兰国家大学联盟管理局由 47 名爱尔兰参议院成员组成,成员的来源与原来基本相同。1997 年修订实施新爱尔兰大学法,对国家大学的性质和作用进行了定义。新的大学法规定了爱尔兰国立大学间全面实施相同标准的模块化教学,学校间的本科生或研究生可以免费互选课程,同时鼓励大学间共同开设针对研究生的技能训练课,鼓励大学间的科研合作。这些举措使有限的教育资源得到了最大化的利用。

爱尔兰大学管理局每五年任命新的大学校长，每位校长任职不得超过两届，同时对爱尔兰所有大学的各岗位确定年薪，并公告。各大学也有自己的大学管理局(即董事会)，在制订五年发展规划之时，也对教学、科研、管理人员工作进行考核并确认是否被聘任。

大学在与社会合作方面成效同样显著。大学以学术领导者的身份，协同民间社团和商业机构共同分析和研讨，激发深远而严肃的思考，制订提升大学质量的一系列相关政策。

大学与商业企业的联盟与合作不仅是科研人员服务产业发展，也是大学科技创新的有效驱动力，是科研人员在产业技术进步中履行个人社会责任的体现。

关于不同学院、不同学科的联盟与合作分别在教学和科研中进行了介绍。

5.7 大学的体育文化

Sports culture of the university

——橄榄球与橄榄球文化

运动不仅能塑造个人健康的体魄，也能培养一生的爱好，培养一种积极、勇敢、团结、友爱的合作精神。2013 年 3 月 18 日 Michael. P. Ryan 教授约我去看一场爱尔兰中学生全国橄榄球联赛，我不懂橄榄球也没有看过现场比赛，出于礼貌我冒着细雨一同前往球场，路上他和我说爱尔兰人很喜欢橄榄球，都柏林大学有专门的橄榄球俱乐部，球队水平很高。到达赛场找到座位，发现露天球场看台几乎座无虚席，至少有三分之一的观众是老年人，我觉得是否老年人有晚辈参赛因此而有如此高的热情？不然，其实这就是爱尔兰老年人可爱的生活，他们是因为喜欢橄榄球，而从中获得乐趣。整个比赛过程全在雨中进行，爱尔兰的天气经常有雨，人们不会因为雨天影响生活和工作，雨中观赛别有雅兴。起初总觉得阵阵凉风，不时感觉到衣服被雨水浸湿，很想和 Micheal. P. Ryan 说一声回去，但在年过六旬的 Micheal. P. Ryan 一阵阵呐喊中我也慢慢欣赏着精彩的赛事，这是一项特别彰显男人魅力的运动，运动员球场上青春的激昂，雨中狂奔，彼此掩护，夹杂着湿泥的冲抢，激烈的肢体搏击中展示的勇敢与忘我，团队成员的默契与到位，深深吸引每一位观众。我想雨水、汗水、斑斑的泥土和绿草地的清新，伴随呐喊中的鼓励应该别有一番感受和味道，比赛中他们一定忘记了伤痛，忘记了疲劳，忘记了荣誉，这也许应该是体育精神的本质，至于赢只是一种精神的奖赏。雨天因为体育而失去阴沉；老人因为体育而愉悦；青春因为体育而挥洒激情；教育应该有体育而锻造健康的体魄和团队的精神。我喜欢橄榄球，喜欢橄榄球的勇敢、坚毅和永不放弃的意志力和默契合作的团队魅力。

2013 年 4 月 12 日应都柏林大学校长邀请，出席都柏林大学橄榄球晚宴，这是都柏林大学橄榄球俱乐部举办的每年一次的盛大宴会。接到校长办公室通知要求穿燕尾服西装并系蝴蝶领结，听说很正式，我就查阅了历年的橄榄球晚宴新闻，这种晚宴竟然有 100 余年的历史。晚宴 7 点开始，仍由 Mieachi 教授陪同前往，宾客陆续签到，每个人都西装革履一律佩戴蝴蝶结，客人们彼此寒暄；校长 Hugh 按时出席，远远和我打招呼，不时介绍我与嘉宾们认识。今晚有来自欧洲橄榄球协会主席，有银行家、企业家和爱尔兰体育部门的官员。但今晚到场的除了包括我在内的寥寥几个真正的客人之外，绝大多数来宾都是几十年来历届都柏林大学橄榄球队队员，他们陆续在 70 余张华贵的西餐桌旁就座，有的现在是官员、有的是银行家和企业家或者社会名流，大家一起分享大学时光橄榄球队给他们留下的无限喜悦，回忆逝去的美好的青春往事，分享由橄榄球给他们精神上带来的团结、合作和付出的团队文化，整场的晚宴不时地欢笑，不时地掌声，巨大电子屏不时展示着精彩的画面，其乐融融；晚宴餐桌上有精致的信封，每个人都主动为俱乐部捐助，他们因为是都柏林大学的学子而自豪，他们认为在都柏林大学除了学到科学知识之外，如果没有橄榄球是难以想象的，他们祝福都柏林大学橄榄球俱乐部，他们为都柏林大学橄榄球俱乐部的发展壮大提供了强有力的支持与帮助。

尽管我的文笔无法表达我对橄榄球全部的感受，我坚定地认为体育精神应该是大学内涵的重要组分，大学要有自己独到的体育文化，要有一种体育精神，挥洒青春，凝练品质。

5.8 致谢

Acknowledgements

感谢 Hugh Brady 校长全力支持我的想法，提供许多珍贵的第一手资料，成书的过程也是我感悟他的大学的理念的切身体验；感谢 Mike Gibney 教授，他既是我尊敬的学术前辈，也是我的好朋友，他对食品与健康研究机构的贡献一定会永留史册，特别祝贺他在退休前夕被爱尔兰食品安全局任命为主席；感谢我的指导教授 Dolores O'Riordan 教授，她勤奋敬业的精神时刻感染着我，她给予我工作上极大的帮助，让我快速适应新的环境以开展新的工作，她的学术造诣和行业影响力让我由衷地敬佩；感谢鲍奕，一位中国女孩，开朗、热情、敬业，有她的协调与支持，使我与校方的沟通如此便捷、及时和高效；感谢校长办公室行政助理 Laura Tomas、Maureen Quinn，有序地协调安排我与各位管理人员面对面的交流；感谢我的英语口语老师 Clare Parr、Mary Parr 慷慨而耐心地帮助我纠正发音，给我讲解爱尔兰文化；感谢住宿部主管 Suzanne Shorten 给我生活上的帮助；感谢中国驻爱尔兰使馆吴晓创老师、留学生袁栋栋、赵阳、汪灿、王丹、肖宏伟、严琼琼、张红、李妍辉等，他们给了我很多支持，我们结下深厚的友谊，这本书凝结着都柏林大学与中国农业大学间的友谊，凝结了大家的智慧，由衷地感谢与我深入交谈的都柏林大学各位专家和管理人员，正是他们的无私与智慧成就了这本书丰富的内涵。

我再次向我采访过的专家、朋友致敬，他们是：

Hugh Brady 都柏林大学校长、教授

Gerry O'brien 都柏林大学分管财务副校长、财务主管

Martin Butler 都柏林大学分管学生工作副校长、博士

Liming Wang 都柏林大学校长助理、孔子学院院长、教授

Bairbre Redmond 都柏林大学教学注册部主任、教授

Tony Carey 都柏林大学战略规划部主任

Alex Metcalfe 都柏林大学国际事务部主任、博士

Alexander C O Evans 都柏林大学农业与食品科学学院院长

Elizabeth Dunne 都柏林大学建筑与服务规划部主任

Alan Keenan 都柏林大学校长助理、国际校园发展项目部主管

Eamonn Ceannt 都柏林大学原资本与商业发展副校长、雕刻家

Michael. P. Ryan 烟台都柏林大学学术部主任、教授

Damien P. Mcloughlin 都柏林大学商学院研究生院副院长

Michael Macdonnell 都柏林大学奎恩商学院主任

Gerry Looby 都柏林大学农业与食品科学中心国际战略与发展部主任

Seamus Shaw 都柏林大学 IT 中心 技术主管

Yi Bao 都柏林大学国际部国际招生主管

Dolores O'Riordan 都柏林大学食品与健康研究所所长、教授

Patrick G Wall 都柏林大学公共健康与人口科学系教授

Helen M. Roche 都柏林大学康威研究所、教授

Grace Mulcahy 都柏林大学兽医学院主任、教授

Francis Butler 都柏林大学食品与健康研究所本科教学主管、教授

Mike Gibney 都柏林大学食品与健康研究所原所长、教授

Da Wen Sun 都柏林大学 食品与农业科学中心主任、教授

Michael Sinnott 都柏林大学注册管理服务部主任

Da Wensun 都柏林大学食品冷冻与计算机化食品技术中心主任、教授

Patrick G Wall 都柏林大学公共健康与人口科学学院教授

Grace Mulcahy 都柏林大学兽医系主任、教授

Jenette Carson 都柏林大学国际部主管

Frank Monahan 都柏林大学食品与健康研究所教授

Shane Ward 都柏林大学农业与食品科学学院教授

Colm O'Donnell 都柏林大学康威研究所生物系统工程教授

本书后期校对过程中沈其林老师，我的研究生陈冬、赵婧、刘伟、周春丽、梁丽、程晨等同学给予了大力支持和帮助，在此一并致谢，忘不了在工作和生活中遇到困难的时候总有家人的理解、支持，有我导师蔡同一教授的鼓励与关心，尤其在我一人身处异国他乡，才能更深刻的感受这份真情、亲情的珍贵，但他们也常常是我在日常生活中最容易忽视的人，衷心感谢并祝福所有支持、关心和帮助我的朋友、同事和亲人。

特别感谢国家留学基金委员会对我出国学习给予大力支持和帮助。本书的出版得到了教育部农林教育教学研究项目的资助，一并表示感谢。

我深知还有大量富有价值的信息没有来得及进行翻译和整理，即便经过多次整理之后，本书仍有语法、句法等方面错误，同时鉴于我个人理解力和水平所限，不能全面、系统、深刻地反映都柏林大学的文化精髓，但作为一名学者能为增进两所大学的交流与了解、探索现代大学的理念提供一丝的帮助的话，是我本次访问和成书的最大欣慰。

作者与都柏林大学

▲作者

▲与校长休·布雷迪及爱尔兰立法会主席汤姆一同出席橄榄球晚宴

▲与分管财政的副校长伊盟博士交谈

▲与分管学生工作的副校长马丁斯交谈

▲与副校长达米恩交谈

▲在都柏林大学历届校长照片前留影

▲与校长助理埃伦基

▲与分管基金和校友工作的副校长交流

▲与行政秘书卡劳迪亚工作交谈

▲与国际部主任麦特卡夫

▲与教学部主任比埃尔教授交谈

▲与IT部主任西莫教授合影

▲与雀巢集团产品研发总监合影

▲与食品与健康校外学术委员会成员在一起

▲迈克教授退休前一天为本科生授课

▲与公益英语培训老师在一起

▲与指导教授迪洛诺斯所长合影

▲与农业与食品系主任尹历山教授、办公室主任西诺特交谈

▲和国际部鲍奕老师在一起

▲和夫人孩子去迈克家做客

▲到都柏林第一天凯若琳给我介绍校园

▲迈克所长与中国留学生

▲与留学生小聚

▲与留学生一起春游

参考文献

References

1. Armstrong, Cynthia F. The Sage Handbook of Management Learning, Education and Development. *London: Sage Publications.*

2. Biggs J B. (1989). Approaches to the Enhancement of Tertiary. *Teaching Higher Education Researc and Development*, 8 (1): 7 – 25.

3. Biggs J, Tang C. (2007). Teaching for Quality Learning at University. *Maidenhead: McGraw Hill-OU-SRHE.*

4. Boud D, Feletti G. (1991). The Challenge of Problem-based Learning. *London: Kogan.*

5. Chickering A W, Gamson Z. (1987). Seven Principles For Good Practice in Undergraduate Education. *American Association for Higher Education Bulletin*, 39(7): 3-7.

6. Coates H. (2005). The value of student engagement for higher education quality assurance. *Quality in Higher Education*, 11(1): 25-36.

7. Cottrell S. (2010). Skills for Success: The Personal Development Planning Handbook, Second edition, Palgrave MacMillan. 8. Felder, R. (1997). Beating the numbers game: Effective teaching in large classes', *ASEE Annual Conference*, *Milwaukee*, *WI*. June, 1997.

9. Fuszard B. (2001). Fuszard's innovative teaching strategies in nursing. *Gaithersburg, MD: Aspen Publishers.*

10. Gibbs G, Simpson C. (2004). Conditions under which assessment supports students' learning. *Learning and Teaching in Higher Education*, 1 (1): 3-31.

11. Green K, Emerson A. (2007). A new framework for grading. *Assessment and Evaluation in Higher Education*, 32 (4): 495-511.

12. Light G, Cox R, Calkins S. (2009). Learning and Teaching in Higher Education. *London: Sage Publications.*

13. McInnis C, James R. (1995) First Year on Campus, Diversity in the initial experiences of Australian Undergraduates. *Canberra, Australian Government Publishing Service.*

14. Moon J. (2002). The Module and Programme Development Handbook. *London: Kogan Page.*

15. Moore N, Gilmartin M. (2010). Teaching for better learning: A blended learning pilot project with first-year geography undergraduates. *Journal of Geography in Higher Ed-*

ucation, 34 (3): 327-344.

16. Nicol D. (2009). Transforming assessment and feedback: Enhancing integration and empowerment in the first year. *Quality Assurance Agency*, *Scotland*.

17. Rubin R,Maretell K. (2009). Assessment and Accreditation in Business Schools, in S. J.

18. Fox C D, Dunlop. (2010). Peer-Mentoring Undergraduate Accounting Students: The Influence on Approaches to Learning and Academic Performance. *Active Learning in Higher Education* , 11(2) :145-156.

19. Snyder B. (1973). The Hidden Curriculum. *M. I. T. Press*, *Cambridge* (*Mass.*).

20. Scouller K. (1998). The influence of assessment method on students' learning approaches: Multiple choice question examination versus assignment essay. *Higher Education*, 35 (4): 453-472.

21. Schon D A. (1983). The Reflective Practitioner. *New York* : *Basic Books Inc*.

22. Springer L, Stanne M E, Donovan S. (1999). Effects of Small-Group Learning on Undergraduates in Science, Engineering and Technology: A Meta-Analysis, Review of Educational Research. *Available*.

23. Travelbee J. (1966). Interpersonal Aspects of Nursing (2nd Edn.). *Philadelphia*: *F. A. Davis Company*.

24. Walvoord B E,Anderson V J. (1998). Effective grading: a tool for learning and Assessment. *San Francisco* : *Jossey Bass*.

25. http://www. UCD. ie/teaching/resources/moduledesignenhancement/mde1/#d. en. 52330.

26. http://www4. ncsu. edu/unity/lockers/users/f/felder/public/Papers/Largeclasses. htm.

27. http://www. cshe. unimelb. edu. au/assessinglearning/03/large. htm.

28. http://archive. wceruw. org/nise/Publications/Research_Monographs/vol11. pdf . 69(1), 21-51.

29. http://www. UCD. ie/teaching/academicdevelopment/.

30.《The idea of auniversity》edited with a preface by teresa iglesias. 2009.

都柏林大学
都柏林大学
都柏林大学
都柏林大学
都柏林大学
都柏林大学
都柏林大学
都柏林大学